MW01171611

AGUSTIN V. STARTARI

AGUSTIN V.

STARTARI

El autor Agustin V. Startari presenta "Los Templarios: Marco Introductorio", una obra que forma parte de la colección 'Papeles de trabajo', la cual se enfoca en brindar estudios breves y precisos sobre temas de investigación histórica medieval. En esta ocasión, el autor se sumerge en uno de los temas más apasionantes y enigmáticos de la Edad Media: los Templarios. A través de un análisis detallado, el autor nos guía por la historia de los cristianos en Tierra Santa y de la orden de los Templarios, cuya existencia ha estado rodeada de misticismo y leyendas a lo largo del tiempo. Este marco introductorio servirá como una fascinante guía para aquellos que desean conocer más sobre los misterios y secretos que envuelven a los Templarios.

Agustín Vicente Startari, nacido en 1982, es un destacado autor, pensador e investigador uruguayo con una sólida formación en Ciencias Históricas y Lingüística de la Universidad de la República (UdelaR). Su trayectoria abarca una amplia gama de obras, desde libros de investigación histórica hasta títulos de ficción y budismo, lo que demuestra su versatilidad y pasión por explorar diversos temas.

Entre sus obras destacadas se encuentran "Creación de un Imperio: El Antiguo Imperio Egipcio", donde profundiza en la consolidación de esta enigmática civilización, así como "Maquinaria de Propaganda: El Nacionalsocialismo", donde examina este fenómeno histórico de gran relevancia. Además, ha escrito "Evangelización en la Pluma de Fray Bartolomé", una obra que analiza la influencia de la evangelización en la historia, y "Ucrania y Rusia: Un Conflicto en Progreso", un estudio sobre el conflicto en curso entre ambos países.

Startari se destaca por su habilidad para acercar temas específicos a los lectores apasionados por la historia a través de su serie de documentos de trabajo. Su profundo conocimiento y enfoque crítico hacen de sus obras una lectura enriquecedora y estimulante para aquellos que buscan un mayor entendimiento de diversos aspectos históricos y culturales.

AGUSTIN V. STARTARI

LOS

TEMPLARIOS

MARCO INTRODUCTORIO

Título original: Los Templarios: Marco introductorio
Diseño de Portada: STARTARI
Edición: Dayana Silvera, 2022
Ilustración de la portada: Juan José Dimuro.
ISBN: 9798396732681

© Agustin V. Startari, Mayo 2021

Primera edición: Mayo, 2023
Editorial: MAAT Libros

Colección

PAPELES DE TRABAJO

N. 2

INTRODUCCIÓN

Para mi hermano
Santiago Startari

Ninguna orden de caballería o de cariz religioso ha despertado a través de las épocas tanto interés ni ha provocado opiniones y actitudes tan enconadas durante los dos escasos siglos que duró su existencia como la Orden de los Caballeros del Templo de Jerusalén, conocida como Orden del Temple. De origen y planteamientos misteriosos pese a sus conocidos estatutos, redactados por san Bernardo de Claraval en 1128, estudiosos, filósofos, teólogos y eruditos de la tradición oculta han investigado hasta la actualidad los fundamentos de esta orden de monjes-soldados, cuyos postulados, en apariencia eminentemente cristianos, conjugaban la vida monástica con su actividad guerrera. Creada la orden con la finalidad de defender a los peregrinos que acudían a los Santos Lugares de Tierra Santa de todo asalto, violencia o robo —al igual que los hospitalarios—, la filosofía particular y las actividades en Jerusalén de los templarios alejaron a la orden de su un primordial, guerrear contra el infiel, por lo que los caballeros del Temple se convirtieron en aliados espirituales de sufíes, ashashins y otras sectas esotéricas islámicas, aunque sin apartarse del espíritu cristiano de fraternidad, pobreza, obediencia y ayuda a los necesitados. Esta actitud, que dio a muchos poderes Tácticos de la época un motivo más en que fundamentar su repulsa y su alegato en contra de la orden, acercó a los templarios a metas más trascendentes que aquellas para las que, aparentemente, fueron creados y los condujo a la adquisición de una sabiduría y un conocimiento que sobrepasaría después, con mucho, las fronteras reducidas del ámbito geográfico que delimitaba su competencia. Un siglo más tarde los templarios poseían ya grandes territorios y numerosas encomiendas, no sólo en Tierra Santa, sino también y principalmente en Francia. España. Portugal e Inglaterra.

9

Se trataba quizá de una experiencia política nunca llevada a la práctica en Europa: la hegemonía de la orden templaría que, como representación bicéfala de un poder político y una autoridad espiritual, se imponía en todo Occidente paulatinamente, borrando bajo el blanco manto de sus caballeros las diferencias sociales, religiosas y étnicas y unificando todos aquellos países en los que tenía predominancia. Todo ello desde el interior de la infraestructura social, política, religiosa y económica: una solapada tarea de termitas cuyos artífices no siempre se mostraron interesados por detentar el poder temporal o apoyarlo y no siempre estuvieron de acuerdo con la política ejercida por los titulares del papado o el imperio. Entre ellos se contaron freires que educaron a príncipes; en sus filas militaron los más probados caballeros de la nobleza francesa, alemana, castellana o catalana, y hubo reyes, emperadores y papas que se vincularon secretamente a la orden o la protegieron sin ambages. Pero, entre todos los misterios que rodearon al Temple, el más actual es quizá la idea sinárquica del gobierno del mundo que persiguieron; sus fundamentos se asentaron en las fuentes de las que, hasta entonces, habían bebido las religiones oficiales, es decir, en las creencias de las religiones mistéricas y en la tradición común al cristianismo primitivo, a los druidas y a los suíes y gnósticos, entre otras sectas. La idea del mundo gobernado por una élite de hombres virtuosos y justos que no cayesen en las trampas que ofrece el poder político era ya muy antigua y había sido enunciada por epicúreos y estoicos, pero hasta entonces nunca se había intentado seriamente llevarla a la práctica. Quizá Alejandro Magno, Marco Aurelio u otros emperadores romanos o estadistas —de uno u otro signo— de Occidente, en un momento dado de la historia, pretendieron dar cuerpo a un ideal que tarde o temprano se convertiría en pavesas: de sus buenas intenciones sólo quedó, confusa y vaga, una idea de escuálido imperialismo, sin otro motor que el deseo humano de hegemonía y poder ilimitado sobre un pueblo o varios, el dominio del territorio vecino, la superación de la frontera mediante la campaña militar o, en última instancia, la anexión pura y simple de otros Estados a una determinada Corona. Ésta fue, sin duda, la decadencia templaría: la constatación de que tampoco aquella orden creada con un fin universalista podría superar las trabas del interés político y del ansia de poder humanos. La tergiversación de los fundamentos ideológicos de la orden la puso en evidencia ante sus enemigos políticos y la acumulación de riquezas y poder le creó temibles contrincantes: en 1307 comenzaron los encarcelamientos masivos de templarios en París; en 1312 el concilio de Vienne dictó su disolución; en 1314, el gran maestre Jacobo de Molay murió en la hoguera, condenado por el papa y ejecutado por el brazo secular del rey de Francia, Pero pese a la persecución de sus caballeros-monjes, la orden continuó su soterrada labor mediante el concurso de otras cofradías u órdenes militares —Santiago, Calatrava, Alcántara, la portuguesa Orden de Cristo— y sus postulados pervivieron posteriormente. En los últimos siglos, diferentes logias, sectas y organizaciones de carácter místico-religioso reivindican para sí el derecho a llamarse continuadoras de la misión templaría.

ORÍGENES DE UNA MISIÓN

«No es coincidencia que la mayor orden de caballería de la historia sea el Toisón de Oro. Con lo que queda claro lo que esconde la expresión Castillo. Es el castillo hiperbóreo donde los templarios custodian el Grial, probablemente el Monsalvat de la leyenda.»

(Umberto Eco, El péndulo de Foucault).

Desde tiempos inmemoriales, se ha envuelto en un velo de misterio las verdaderas motivaciones que llevaron a ciertas instancias de poder en el ámbito político y religioso europeo del siglo XII a tomar la decisión de fundar una orden tanto militar como religiosa, la cual demostró ser extremadamente compleja en su trayectoria y de una fuerza desmedida en el corto plazo de apenas medio siglo. Esta orden es conocida como la Orden del Templo de Salomón.

En el contexto de los desarrollos sociopolíticos del siglo y los siglos posteriores, surgieron figuras destacadas que mantuvieron relaciones con la Orden del Templo de Salomón, tanto para favorecerla abiertamente como para apoyarla desde una clandestinidad sorprendente, antes y después de su interdicción. Algunas figuras colaboraron en el crecimiento de la Orden, pero quizás también en su posterior caída y ruina, mientras que otras la combatieron sin ambages desde su fundación. Estas figuras ilustres incluyen a san Bernardo de Claraval, el supuesto fundador de la Orden, Inocencio III, Clemente V, el emperador Federico II Hohenstaufen, el rey Felipe IV el Hermoso de Francia, los reyes trovadores, los condes-reyes templarios catalano-aragoneses, los condes de Provenza, los sultanes de Egipto y los reyes de Jerusalén. Todos ellos se interesaron por los templarios, su sabiduría, secretos y poder, que se basaba en gran medida en su floreciente economía. Es relevante mencionar que la historiografía de la Alta Edad Media española se caracterizó por la creación de crónicas, tales como la de Alfonso III o la Crónica Latina de Alfonso VII. Durante la Plena Edad Media, se destacó una figura de gran importancia, el rey castellanoleonés

Alfonso X el Sabio (1252-1284), quien inspiró la creación de la "Grande e General Estoria" y la "Estoria de España".

En el contexto del mundo medieval hispano, se han documentado una gran cantidad de textos de historiadores islámicos que se remontan a los primeros momentos de la presencia musulmana. Sobresale entre ellos la conocida "Crónica" del moro Rasis. Durante el siglo XI, surgieron importantes autores, entre los que destaca Ibn Hayyan, quien escribió "al Muqtabis". Asimismo, se encuentran obras que, aunque no son estrictamente históricas, brindan datos muy interesantes, como el caso de "El collar de la paloma" de Ibn Hazm de Córdoba, destacado escritor de relatos históricos. Además, se cuenta con las memorias de los reyes de taifas, como las de Abd Allah, el último rey Zirí de Granada antes de ser destronado por los almorávides en 1090, que se publicaron bajo el título de "El siglo XI en primera persona". Por último, el escritor del siglo XIV Ibn Jaldún es considerado el historiador más destacado dentro de la historiografía medieval hispanomusulmana.

En el contexto de la Alta Edad Media, pueden identificarse dos corrientes distintas en el ámbito político que, no obstante, comparten un rasgo común. La primera de ellas se asemeja en gran medida a la estructura clásica, siendo representada por la historiografía visigoda que abarcó los siglos V al VII y cuyo patrón fundamental continuaba siendo el modelo romano. Por otro lado, la segunda corriente se caracteriza por una forma más rudimentaria y una reducción del contenido, siendo representada por las crónicas y cronicones que se extendieron hasta mediados del siglo XIV. Sin embargo, en medio de esta evolución se produjeron nuevos tipos que recuperaron la estructura y la riqueza de información del auténtico modelo romano.

En este sentido, resulta poco útil para la historiografía de la Alta Edad Media intentar comprender los orígenes de la Orden mediante un retroceso temporal aún más lejano a sus inicios, tal y como se acepta en la actualidad.

La Orden del Temple fue fundada en el siglo XII por Hugo de Payens y otros ocho caballeros franceses con el propósito de proteger a los peregrinos cristianos en su camino hacia Tierra Santa[1]. En sus primeros años, la orden

---

[1] Malcolm Barber, *The New Knighthood: A History of the Order of the Temple* (Cambridge: Cambridge University Press, 1994), 10.

no tenía una estructura clara ni una regla establecida, pero su carisma y prestigio se fueron extendiendo rápidamente. Según el historiador Malcolm Barber, "la organización interna de la Orden del Temple fue esencialmente militar, con una jerarquía de mando claramente definida"[2]. Los templarios se dividían en tres clases: los caballeros, los sargentos y los hermanos legos, cada uno con sus respectivos roles y responsabilidades. Además, la orden tenía un gran número de casas y propiedades en toda Europa, lo que les permitía financiar sus actividades y mantener una red de apoyo y comunicación. La Orden del Temple se constituyó como una institución religiosa y militar, integrada por caballeros monjes que debían obedecer reglas de vida muy rigurosas. Según el análisis del historiador Antonio Garrido Aranda, la organización de la Orden se basó en la jerarquía militar, pero también en la religiosa, empleando la regla y las Constituciones del Temple como principales instrumentos de gobierno. El maestre era el superior de todos los miembros, mientras que los grandes comendadores, los comendadores y los caballeros ocupaban distintos cargos en las diferentes encomiendas, conventos y castillos. La vida de los templarios se fundamentaba en la pobreza, la obediencia, la castidad y la defensa de la fe cristiana y de los peregrinos que se dirigían a Tierra Santa[3].

En este mismo año [1118], ciertos hombres nobles de rango caballeresco, hombres religiosos devotos a Dios y temerosos de él, se comprometieron al servicio de Cristo bajo la autoridad del Señor Patriarca. Prometieron vivir en perpetua pobreza, castidad y obediencia, como canónigos regulares, sin posesiones. Sus líderes principales fueron el venerable Hugh de Payens y Geoffrey de St. Omer. Como no tenían iglesia ni residencia fija, el rey les dio temporalmente un lugar de residencia en el ala sur del palacio, cerca del Templo del Señor. Los canónigos del Templo del Señor les dieron, bajo ciertas condiciones, una plaza cerca del palacio que los caballeros utilizaron como campo de entrenamiento. El Señor Rey y sus nobles, así como el Señor Patriarca y los prelados de la iglesia, les concedieron beneficios de sus dominios, algunos por tiempo limitado y otros en perpetuidad, para proporcionarles comida y ropa. Su deber principal, que les fue impuesto por el Señor Patriarca y los otros obispos para la remisión de los pecados, era proteger las carreteras y rutas contra los ataques de los ladrones y bandidos. Esto lo hacían especialmente para proteger a los peregrinos[4].

[2] Ibid., 37.
[3] Garrido Aranda, A. (2004). *Los templarios. Una nueva historia*. Ediciones Temas de Hoy.
[4] Fulcher of Chartres, *A History of the Expedition to Jerusalem, 1095-1127*, trans. Frances Rita Ryan

El pasaje describe los orígenes de la Orden del Temple en el año 1118. Un grupo de hombres nobles de rango caballeresco, religiosos y devotos de Dios, se comprometieron a servir a Cristo bajo la autoridad del Patriarca de Jerusalén. Prometieron vivir en perpetua pobreza, castidad y obediencia, como canónigos regulares, sin posesiones. Hugh of Payens y Geoffrey of St. Omer lideraron al grupo. Como no tenían iglesia ni lugar fijo de residencia, el rey les dio un lugar en la ala sur del palacio, cerca del Templo del Señor. Los canónigos del Templo del Señor les dieron una plaza cerca del palacio, que los caballeros utilizaron como campo de entrenamiento. El rey y sus nobles, así como el Patriarca y los prelados de la iglesia, les concedieron beneficios de sus dominios, algunos por tiempo limitado y otros en perpetuidad, para proporcionarles comida y ropa. Su deber principal, impuesto por el Patriarca y otros obispos para la remisión de los pecados, era proteger las carreteras y las rutas contra los ataques de los ladrones y bandidos, especialmente para proteger a los peregrinos.

Durante nueve años después de su fundación, los caballeros usaban ropa secular. Utilizaban prendas que les daban las personas para la salvación de sus almas. En su noveno año, se celebró en Troyes, Francia, un concilio en el que estuvieron presentes los señores arzobispos de Reims y Sens y sus sufragáneos, así como el obispo de Albano, que era el legado de la Santa Sede, y los abades de Citeaux, Clairvaux, Pontigny, junto con muchos otros. Este concilio, por orden del Señor Papa Honorio y del Señor Esteban, Patriarca de Jerusalén, estableció una regla para los caballeros y les asignó un hábito blanco[5].

Este pasaje describe un momento crucial en la historia de la Orden del Temple, ya que detalla el momento en que los caballeros adoptaron su distintivo hábito blanco. Durante los primeros nueve años después de su fundación, los caballeros vestían ropa secular y recibían donaciones de ropa de la gente común para su sustento. Sin embargo, en el noveno año, se celebró en Francia un concilio en Troyes al que asistieron importantes líderes eclesiásticos. Fue en este concilio que el Papa Honorio y el Patriarca

---

(Knoxville: University of Tennessee Press, 1969), 141-42.
    [5] Ibíd.

15

de Jerusalén, Stephen, dieron la orden de establecer una regla para los caballeros y les asignaron un hábito blanco distintivo. El establecimiento de esta regla y la adopción del hábito blanco simbolizaron la transformación de los Caballeros Templarios de un grupo de hombres nobles dedicados a la protección de los peregrinos a una orden militar y religiosa reconocida oficialmente. Este cambio también les otorgó un mayor grado de independencia de la Iglesia y les permitió desarrollar su propia estructura organizativa y códigos de conducta.

Aunque los caballeros habían sido establecidos durante nueve años, todavía sólo había nueve de ellos. A partir de este momento, sus números comenzaron a crecer y sus posesiones a multiplicarse. Más tarde, en la época del Papa Eugenio, se dice que tanto los caballeros como sus humildes sirvientes, llamados sargentos, comenzaron a colocar cruces de tela roja en sus mantos para distinguirse de los demás. Ahora son tan numerosos que en esta Orden hoy en día [William estaba escribiendo c. 1170-74] hay alrededor de 300 caballeros que usan mantos blancos, además de los hermanos, que son casi innumerables. Se dice que tienen inmensas posesiones tanto aquí como en el extranjero, de modo que no hay una provincia en el mundo cristiano que no haya otorgado a los mencionados hermanos una parte de sus bienes. Se dice hoy en día que su riqueza es igual a los tesoros de los reyes. Debido a que tienen una sede en el palacio real junto al Templo del Señor, como hemos dicho antes, se les llama los Hermanos de la Milicia del Templo. Aunque mantuvieron su establecimiento de manera honorable durante mucho tiempo y cumplieron su vocación con suficiente prudencia, más tarde, debido a la negligencia de la humildad (que se conoce como la guardiana de todas las virtudes y que, al sentarse en el lugar más bajo, no puede caer), se alejaron del Patriarca de Jerusalén, por quien su Orden fue fundada y de quien recibieron sus primeros beneficios y a quien negaron la obediencia que sus predecesores rendían. También han quitado los diezmos y las primicias de las iglesias de Dios, han perturbado sus posesiones y se han convertido en una gran molestia[6].

Aunque los caballeros habían sido establecidos durante nueve años, todavía solo había nueve de ellos. A partir de entonces, sus números comenzaron a crecer y sus posesiones comenzaron a multiplicarse. Más tarde, en tiempos del Papa Eugenio, se dice que tanto los caballeros como sus sirvientes más humildes, llamados sargentos, comenzaron a fijar cruces de tela roja en sus mantos, para distinguirse de los demás. Hoy en día, en

---

[6] Ibíd.

esta Orden hay unos 300 caballeros que llevan mantos blancos, además de los hermanos, que son casi innumerables. Se dice que tienen inmensas posesiones tanto aquí como en el extranjero, de modo que hoy no hay una provincia en el mundo cristiano que no haya otorgado a los mencionados hermanos una porción de sus bienes. Se dice hoy que su riqueza es igual a los tesoros de los reyes. Debido a que tienen una sede en el palacio real junto al Templo del Señor, como hemos dicho antes, se les llama los Hermanos de la Milicia del Templo. Aunque mantuvieron su establecimiento de manera honorable durante mucho tiempo y cumplieron su vocación con suficiente prudencia, más tarde, debido a la falta de humildad (que se conoce como la guardiana de todas las virtudes y que, ya que se sienta en el lugar más bajo, no puede caer), se retiraron del Patriarca de Jerusalén, por quien se fundó su Orden y de quien recibieron sus primeros beneficios y a quien negaron la obediencia que sus predecesores rindieron. También han quitado los diezmos y las primicias de las iglesias de Dios, han perturbado sus posesiones y se han vuelto extremadamente molestos.

Los Caballeros Templarios se distinguieron de sus compañeros por la adición de cruces de tela roja en sus mantos. Los caballeros establecieron su sede en el palacio real adyacente al Templo del Señor y por lo tanto llegaron a ser conocidos como los Hermanos de la Milicia del Templo. El relato de William of Tyre señala que los Caballeros Templarios inicialmente se condujeron de manera honorable y cumplieron su vocación con prudencia. Sin embargo, eventualmente se apartaron de su camino original al descuidar la virtud de la humildad y retirar su obediencia al Patriarca de Jerusalén, quien había fundado su orden y había sido su benefactor. Los Caballeros también infringieron los derechos de las iglesias al tomar los diezmos y las primicias de sus posesiones, perturbando el patrimonio de la iglesia y causando un dolor incalculable.

17

TIERRA SANTA Y LA CUENCA DEL MEDITERRANEO

La cuenca mediterránea ha sido desde hace miles de años una región de gran importancia histórica, debido a su ubicación estratégica en el cruce de importantes rutas comerciales y culturales entre Europa, Asia y África. Durante la antigüedad, la región estuvo poblada por varias civilizaciones, incluyendo la egipcia, la fenicia, la griega y la romana, cada una dejando su huella en la cultura y el patrimonio de la región. Durante la Edad Media, la cuenca mediterránea fue testigo de importantes transformaciones políticas, sociales y culturales. El surgimiento del islam, una religión monoteísta fundada en el siglo VII en Arabia tuvo un gran impacto en la región, influyendo profundamente en la cultura, la política y la economía de los territorios que conquistaron los musulmanes. La expansión del islam en la cuenca mediterránea tuvo lugar en el siglo VII, con las conquistas musulmanas que se extendieron desde Arabia hacia el oeste, llegando a la península ibérica, el norte de África y el Medio Oriente[7]. Esta expansión no solo tuvo implicaciones políticas y territoriales, sino también culturales y religiosas, ya que el islam se convirtió en una fuerza dominante en la región, influenciando las prácticas y creencias de las comunidades locales. La influencia cultural y religiosa del islam en la cuenca mediterránea es evidente en la arquitectura, el arte, la literatura y la filosofía de la época[8]. La mezquita de Córdoba, por ejemplo, es un ejemplo destacado de la influencia del islam en la arquitectura de la península ibérica, mientras que la poesía de Rumi y Hafez refleja la influencia del sufismo y la mística islámica en la literatura persa[9]. La cuenca mediterránea se define geográficamente como la región que rodea el mar Mediterráneo, abarcando tres continentes: Europa, Asia y

---

[7] Gibb, H.A.R. (2016). *The Arab Conquests and the Early Islamic Empire*. New York: Routledge, p. 37.

[8] Hodgson, M. G. S. (2017). *The Venture of Islam: Conscience and History in a World Civilization*, Vol. 1: The Classical Age of Islam. University of Chicago Press. p. 127.

[9] Asani, A. (2018). *Ecstasy and Enlightenment: The Ismaili Devotional Literature of South Asia*. I.B. Tauris. p. 58.

África. Sus límites geográficos son los Alpes, el Mar Negro y el Cáucaso al norte, el Sahara y el Mar Rojo al sur, el Mar Adriático y el Mar Egeo al este, y el Océano Atlántico al oeste. La región cuenta con una gran diversidad geográfica y cultural, con una rica historia que se remonta a la antigüedad. La expansión del islam en la cuenca mediterránea tuvo lugar durante el siglo VII, cuando las fuerzas musulmanas comenzaron una serie de conquistas militares que los llevaron a conquistar grandes territorios en el Oriente Próximo, el Norte de África y la península ibérica. La rápida expansión del islam fue posible gracias a una combinación de factores, incluyendo la debilidad de los imperios bizantino y sasánida en la región, así como el atractivo de la nueva fe para los pueblos locales. La conquista musulmana de la península ibérica, que tuvo lugar en el siglo VIII, tuvo un impacto duradero en la región, influyendo en la cultura, la arquitectura y la lengua de la península. La presencia musulmana en la península se mantuvo durante varios siglos, dando lugar a un florecimiento cultural y artístico en al-Ándalus. En el este del Mediterráneo, el mundo islámico creó una serie de califatos y reinos que gobernaron sobre la región durante varios siglos. El califato abasí, fundado en el siglo VIII en Bagdad, se convirtió en uno de los imperios más grandes y prósperos del mundo, con una gran influencia en la cultura y la filosofía de la región. En el norte de África, los musulmanes conquistaron el Imperio romano de África, creando un nuevo Estado que se extendió por todo el Magreb. La influencia del islam en la región se mantuvo durante varios siglos, influyendo en la cultura, la sociedad y la religión de las comunidades locales. En el este de la cuenca mediterránea, los musulmanes conquistaron el Imperio sasánida de Persia, que había estado en conflicto con el Imperio bizantino durante siglos. La conquista musulmana de Persia fue uno de los momentos más significativos en la expansión del islam, ya que Persia era uno de los mayores centros culturales y económicos del mundo en ese momento. La conquista de Persia también abrió la puerta para la expansión del islam hacia Asia Central, India y más allá. La expansión del islam en la cuenca mediterránea no solo tuvo implicaciones políticas y territoriales, sino también culturales y religiosas. El islam se convirtió en una fuerza dominante en la región, influenciando las prácticas y creencias de las comunidades locales. La arquitectura, el arte, la literatura y la filosofía de la época reflejaron la influencia del islam en la cultura de la región. En el campo de la arquitectura, la mezquita de Córdoba en España es un ejemplo destacado de la influencia del islam en la arquitectura de la península ibérica. Construida en el siglo VIII, la mezquita es uno de los ejemplos más importantes de la arquitectura islámica en España. Su diseño y ornamentación reflejan la influencia de los estilos arquitectónicos islámicos de Oriente Medio y Persia. En la literatura, el sufismo y la mística islámica tuvieron una gran influencia en la poesía persa durante la Edad Media. Los poetas persas como Rumi y Hafez incorporaron temas y motivos sufíes en su poesía, creando una nueva forma de literatura que reflejaba la influencia del islam en la cultura persa. En la filosofía, la influencia del islam se reflejó en la obra de filósofos como Ibn Rushd (conocido como Averroes en Occidente) y Al-Farabi. Estos filósofos trabajaron en la síntesis de la filosofía griega y la teología islámica, y sus ideas influenciaron la filosofía occidental en la Edad Media.

Durante la Edad Media, la cuenca mediterránea fue testigo de un período de gran esplendor cultural conocido como al-Ándalus. El territorio que hoy comprende España y Portugal estuvo bajo el dominio musulmán durante varios siglos, y durante este tiempo se produjo una floreciente cultura que tuvo un gran impacto en la literatura, la poesía, la filosofía, las ciencias y las artes. Granada, Córdoba y Sevilla fueron algunas de las ciudades más destacadas de esta época, y en ellas se construyeron monumentos impresionantes como la Alhambra de Granada y la Mezquita de Córdoba. Pero la convivencia de las tres culturas en la cuenca mediterránea no se limitó a los musulmanes y los cristianos. También hubo una importante presencia judía en la región, especialmente en al-Ándalus. Los judíos sefardíes, descendientes de los judíos que vivían en la península ibérica durante la Edad Media, desarrollaron una cultura propia que combinaba elementos judíos, árabes y cristianos. Los judíos sefardíes destacaron en áreas como la filosofía, la poesía y la medicina, y muchos de ellos ocuparon puestos importantes en las cortes de los reinos musulmanes y cristianos. Conjuntamente, la cultura árabe de la cuenca mediterránea también tuvo un gran impacto en la Europa medieval. Los árabes introdujeron en Europa importantes avances en áreas como la astronomía, la matemática, la medicina y la agricultura, y también tuvieron una gran influencia en la literatura, la poesía y la filosofía. Los trabajos de autores árabes como Avicena, Averroes y al-Farabi fueron traducidos al latín y tuvieron un gran impacto en el pensamiento europeo medieval. En definitiva, la convivencia de las tres culturas en la cuenca mediterránea fue un período de gran riqueza cultural y una muestra de la capacidad humana para convivir y compartir ideas y conocimientos. La influencia del islam, la cultura árabe y la cultura judía en la región fue fundamental para el desarrollo de la cultura europea y para la construcción de una identidad cultural propia. Sin embargo, también hubo conflictos y tensiones entre las diferentes culturas, especialmente en el contexto de las Cruzadas y la Reconquista española.

En el siglo XII, la cuenca mediterránea estaba experimentando una creciente influencia del islam, que había llegado hasta Occidente a través de diversas tribus árabes y naciones, estableciéndose en las fértiles orillas del Mare Nostrum. En la península Ibérica, el sur pertenecía a los príncipes omeyas de Córdoba y otras familias de origen magrebí o damasceno, y los territorios degeneraron en los reinos de taifas. Durante esta época, los invasores almorávides y almohades se alzaron con el poder en toda la costa norteafricana, extendiendo su influencia hasta los reinos moros de Valencia y Zaragoza, que lindaban peligrosamente con los territorios portugueses, castellano-leoneses y catalano-aragoneses. Mientras tanto, el sur de Francia y la península Itálica ya se habían liberado de los conquistadores musulmanes, pero la amenaza y el empuje del islam aún era notable en el archipiélago y la península helenos, sede del imperio bizantino de Constantinopla, en la península de Anatolia, donde el imperio selyúcida de Bagdad triunfaba y se expandía cada vez más, y en Egipto, donde los fatimíes y ayubíes reinaban. En el siglo XV, el cristianismo hispanovisigodo habría expulsado al último rey moro de la península Ibérica tras la toma de Granada (1492), y los Santos Lugares volverían a estar bajo el poder del sultán de Egipto. A mediados del siglo XVI, el imperio otomano había tomado el relevo a la preponderancia árabe y dominaba toda la cuenca mediterránea, excepto la zona correspondiente a Europa occidental, y un nuevo peligro se cernía sobre la cristiandad, ya que los ejércitos del imperio turco llegaron hasta las puertas de Viena. Sin embargo, en 1128, solo una zona en la cuenca oriental del Mediterráneo pertenecía al orbe cristiano: el reino latino de Jerusalén, es decir, la franja que delimita los Estados Latinos en Palestina, que en ese momento estaba en manos de los nobles europeos o de sus sucesores, que habían llegado hasta el Mediterráneo oriental gracias a las cruzadas predicadas por los papas romanos. Estas expediciones bélicas habían surgido

21

como una necesidad religiosa de recuperación de los lugares que la cristiandad consideraba sagrados en territorio sirio, donde había transcurrido la vida, la pasión y la muerte de Jesús de Nazareth. Sin embargo, la jerarquía de la Iglesia católica olvidaba que aquellos lugares eran también sagrados para judíos y musulmanes, ya que en ellos habían vivido y predicado tanto Moisés como Mahoma, al igual que Jesús. Por lo tanto, Jerusalén, la Ciudad Sagrada, era también conocida como "la tres veces santa", y en ella se encontraban las ruinas del templo de Salomón. La existencia del Templo de Salomón y su significado religioso para las tres principales religiones monoteístas había sido objeto de interés y estudio desde hacía siglos, y la Orden del Temple no fue una excepción. Los templarios, cuya fundación se produjo en un momento de gran inestabilidad política y religiosa en Europa, encontraron en el Templo de Salomón un motivo de inspiración y un símbolo de su propia misión. En la visión de los templarios, la Orden tenía la responsabilidad de proteger y defender la Ciudad Santa y sus lugares sagrados de las amenazas externas y de los peligros internos.

La influencia del islam en la cuenca mediterránea fue en aumento durante el siglo XII, con la llegada de diversos pueblos y naciones árabes a las fértiles orillas del mar Mediterráneo. Los invasores almorávides y almohades obtuvieron el poder en la costa norteamericana y en los reinos moros de Valencia y Zaragoza, lo que representó una amenaza para los territorios cristianos de Portugal, Castilla, León y Cataluña-Aragón. En este contexto, se creó la Orden del Temple en 1128, con el objetivo de proteger a los peregrinos que viajaban a la Tierra Santa y de luchar contra los musulmanes. La ciudad de Jerusalén, que había sido objeto de disputas y conquistas por parte de diferentes imperios y culturas a lo largo de la historia, se encontraba bajo el control de los nobles europeos o de sus sucesores en el siglo XII. La ciudad era considerada sagrada por las tres religiones monoteístas, pues en ella habían vivido y predicado tanto Moisés como Mahoma, además de Jesús de Nazareth. La Orden del Temple, al llegar a Jerusalén en 1118, ya conocía el privilegiado emplazamiento y el tripartito pasado religioso de la ciudad, así como las enseñanzas bíblicas referentes al templo de Salomón, cuyas ruinas se encontraban en la ciudad.

LAS TRES RELIGIONES MONOTEÍSTAS

Las tres religiones monoteístas por antonomasia, judaísmo, cristianismo e islam predican, en esencia, lo mismo: la salvación del alma por medio de la fe y de las obras. La fe en un único Dios: para los cristianos, el Padre, del que procede el Hijo hecho hombre; para los judíos, Yahvé, que ha elegido y guiado al pueblo israelita, y para los musulmanes, Alá, el Misericordioso, que ha inspirado a Mahoma las enseñanzas del Corán. Pero, por desgracia, estas tres religiones —o, al menos, la interpretación que de ellas y de sus sagrados textos hacen sus sacerdotes y exegetas— son excluyentes, pese a su monoteísmo y a su creencia en un único Dios misericordioso, justo, sabio y omnipotente. Estas divergencias y la necesidad política de aplicar criterios religiosos a actuaciones en el terreno económico y sociopolítico provocaron durante siglos sangrientas guerras de religión en las que ninguno de los tres credos enunciados renunciará a la violencia o a métodos expeditivos para predominar o abrirse camino frente a uno de los otros dos. Más allá de las medidas que en muchos países y en todas las épocas se tomaron contra los judíos (1306, expulsiones masivas en Francia; 1492. expulsión definitiva de Castilla y Aragón), los enfrentamientos entre cristianos y musulmanes provocaron serias crisis de identidad en numerosos pueblos, y en muchos lugares en los que existía una tradición tolerante y una convivencia pacífica de las tres religiones (Toledo, Zaragoza. Narbona) se asistió con horror a pogromos y autos de fe. La guerra empezaba a ser santa para los cristianos (bellum justum y bellum sacrum) y para los musulmanes (yihad), y el conflicto bélico se apoyaba en premisas y expectativas que obedecían a motivaciones ya muy antiguas: conquista de nuevos territorios, expansión política sustentada en la expedición militar, sojuzgamiento de etnias extranjeras, sometimiento de credos no ortodoxos y apertura a nuevos mercados e intercambios comerciales.

El problema con los relatos que nos encontramos, es que hay una sobreabundancia de la producción hagiográfica será la base de las obras en la Edad Media. La hagiografía medieval se inicia con "La vida de San Agustín" de Posidio o la "Vida de San Martín" de Suplicio. Particularmente propicio al florecimiento de los relatos milagrosos es el período carolingio, cuando muchas comunidades monásticas huyen con sus propias reliquias a causa de las incursiones vikingas.

Por otra parte, las vidas de los Santos tienen frecuentemente una función legitimadora. Este es un género ahistórico: se aparta del personaje biografiado: acumula prodigios, milagros y fantasías; se repite y plagia constantemente.

Se ha demostrado en numerosas ocasiones que las vidas de algunos de estos santos son ficticias, otras como la "Vie de Saint Samson de Dol", que según algunos autores había sido redactada a finales del siglo VII o principios del siglo VIII, es sin duda alguna una elaboración del siglo IX destinada a fundamentar con argumentos históricos la pretensión de los obispos de Dol de ser reconocidos como metropolitanos de Bretaña a expensas de los arzobispos de Tours. De ahí la biografía heroica de San Samson, calcada al pie de la letra de la de San Martín por Suplicio Severo. Pero tiene su valor histórico: describe incidentalmente las costumbres de la época, especialmente las de las clases inferiores; relata sucesos triviales, pero ilustrativos; y, sobre todo, refleja fielmente la mentalidad medieval.

Debemos puntualizar que a partir del siglo VI y quizás antes, se ha constituido un nuevo espacio historiográfico. Desde entonces, la interpretación de los designios divinos precede a la búsqueda de los móviles humanos, prima el arquetipo moral o espiritual sobre lo vivido, pero no está prohibido reutilizar los relatos anteriores. La historia pasa a ser un arsenal del que se extraen (hechos – pruebas), (hechos – argumentos) que poseen, dentro del discurso religioso, una credibilidad comparable con la de las autoridades bíblicas. En adelante los protagonistas del teatro histórico serán Dios y sus agentes sobre la tierra, reyes o prelados, únicos seres en condiciones de interceder para apaciguar su cólera.

La dialéctica del castigo y de la intercesión será ley de la historia durante muchos siglos. Otro género bien representado es el de los Anales y el de las Crónicas. Los Anales consignan secamente los hechos año por año, ocupando un lugar destacado entre ellos los acontecimientos políticos y militares, como las guerras sajonas de Carlomagno o su coronación. Sin embargo, estos anales fueron escritos normalmente en los monasterios y denotan cuales eran las preocupaciones de sus autores.

Todos los monasterios llevaban calendarios en los que se fijaba la fecha de pascuas. En ellos se comenzó a anotar algún suceso de importancia local o monástica.

En algunos casos se consignaron acontecimientos de carácter nacional e internacional. Conservaron sin embargo dos rasgos típicos: la división en años y una forma escueta.

Las Crónicas constituyen, desde su inicio, un género con grandes ambiciones. Por ejemplo, la "Chronica de sex altatibus mundi", redactada por Beda el Venerable, es una imitación de Eusebio de Cesarea, que había relatado la historia universal desde Abraham hasta el año 324. Beda nació en Jarrow, y fue llamado el "padre de la historia inglesa", fue de los hombres más cultos de su época, (sino el más). Escribió un cronicón, que continúa el de Eusebio hasta el año 746, así como otras obras históricas. Pero su obra fundamental es la "Historia eclesiástica del pueblo inglés", en cinco libros. Su información es amplia y documentada y maneja un excelente latín. Hasta las crónicas más modestas se hallan, a raíz del espíritu que las penetra, rodeadas de un halo, que falta a las clásicas historias griegas y romanas, y que las hace en su aspecto general, por más distantes que se las considere de las actuales en sus detalles particulares, bastante cercanas de nuestra mente y nuestra razón.

La historiografía cristiana respondió a los problemas que se propuso, pero a su vez esta no respondió porque no se lo propuso, a los otros problemas que solo se presentaron después; y prueba de esto son también para ella los arbitrios y los mitos que acompañaron su concepción fundamental. Más próximas a los modelos antiguos pueden parecernos aparentemente las historias inspiradas en las de Tácito: "Histoire des Francs", de Gregorio de Tours, y la "Histoire de Lombards", de Pablo Diácono. En realidad, el relativo clasicismo de la composición no disimula el evidente desplazamiento del punto de mira al enfocar el pasado. Gregorio de Tours constituye un buen ejemplo al respecto.

En muchos aspectos él se escapa del universo mental grecorromano. No por sus pretensiones universales que le inducen a comenzar su relato a partir de la Creación hasta llegar al año 591: en ello es el continuador de Eusebio de Cesarea y de Orosio, quizás más bien por su percepción, esencialmente religiosa, de los acontecimientos y por su arraigada fe en los milagros, que hacen de él un fiel espejo de las creencias de su tiempo.

A pesar de estos a priori clericales, su forma de narrar es precisa y evocadora. Gregorio de Tours es también un atento observador de la realidad que se complace en escribir. También las biografías o las autobiografías están inspiradas en las obras antiguas. No se puede negar la continuidad que hay entre las Confesiones de San Agustín, y la Historia de mis desgracias de Abelardo, o entre la Vida de los doce Cesares de Suetonio, y la Vida de Carlomagno, de Eginardo. Así, cuando la Historiografía Medieval Cristiana narra el proceso histórico completo, lo hace bajo la forma de "Cronologías Universales": la exposición de todos los acontecimientos desde la Creación, revelando los planes de Dios y sus acciones, así como las que el Demonio realiza para evitar el éxito divino.

La Historia desemboca entonces en una "Teología de la Historia" (Eliade, 1983: 183). Se repiten mucho y obedecen a propósitos edificantes o escatológicos; pero suelen ser originales y de interés para los hechos contemporáneos de su autor. Pero a su vez, las Cronologías Universales pudieron ser el punto de cambio de la Historiografía Medieval, los otros productos historiográficos: las Historias eclesiásticas y las Vidas de Santos estaban mucho más controlados por la mentalidad religiosa dada la temática que trataban. En cambio, las Cronologías Universales y las obras de hazañas políticas y militares, por tratar de asuntos terrenales, serán el punto donde reaparezca el humanismo y el mejor sitio para apoyar el Progreso secular.

El historiador americano W.J. Brandt mantiene que los hombres de la Edad Media eran partícipes de una mentalidad radicalmente rebelde de la historia. Según este autor, percibían la naturaleza de forma discontinua. Cualquier objeto era a sus ojos único dotado de una virtud particular porque hacía referencia a una idea divina. Por ello resultaba tan difícil establecer relaciones de causalidad en el orden físico.

Lo mismo habría ocurrido en el orden de la historia, percibiéndose los acontecimientos de forma aislada, separados los unos de los otros, todos ellos productos de la arbitrariedad divina. En conclusión, los hilos de la intriga están en manos de la voluntad divina. La divinidad vuelve a descender y a mezclarse, antropomórficamente, en los asuntos humanos, como personaje preponderante o poderosísimo entre los menos poderosos; y los dioses ahora son los Santos, y San Pedro y San Pablo intervienen a favor de este o aquel pueblo; y San Marcos y San Jorge, San Andrés o San Januario guían los batallones de combatientes, uno en competencia con otro, y a veces uno contra otro, jugándose tretas maliciosas; y la razón de la victoria o derrota en una batalla vuelve a atribuirse al cumplimiento o incumplimiento de un acto del culto : los poemas y las crónicas medievales están repletas de semejantes relatos. Concepciones análogas a las antiguas, y que además prosiguen históricamente a las antiguas.

LOS INTERESES POLÍTICOS: LAS CRUZADAS

Una de las innovaciones que introduce el cristianismo es la interpretación global de la Historia (Carbonell, 1986:36) superando el etnocentrismo grecolatino.

La Historia, en principio, era importante por ser escenario de los designios divinos y del desarrollo del pecado, de ahí que era legítimo su estudio, aunque sin separarla de la revelación divina: las Sagradas Escrituras. Dado que en la Historia se realizan los designios de dios, (el Plan Divino) enfrentados con el pecado, todo el proceso histórico debía concordar con los libros históricos de la Biblia, los cuales inician esa revelación del sentido del pasado.

La Historia es ahora el enfrentamiento de la Virtud y el Pecado, conceptualizados bajo la forma de la lucha entre las 2 ciudades agustinas: la de Dios y la Terrena. Otro aspecto bien conocido de este dualismo es el dogmatismo, la incapacidad de entender la concreta particularización del espíritu en sus variadas actividades y formas; lo cual explica la acusación formulada a la historia eclesiástica, de que supera y oprime tiránicamente.

Todos los valores humanos eran extremados en uno solo, esto es, en la firmeza de la fe cristiana o del servicio de la Iglesia: valor que, concebido de este modo abstracto, perdía su íntima virtud y decaía en un hecho material e inmóvil; y en realidad la vívida y fluida conciencia cristiana, después de algunos siglos de desarrollo, se solidificó en los dogmas.

Una característica de la historiografía medieval es el ascetismo, en nombre del cual toda la historia efectiva de los hombres se ve cubierta de desprecio, horror y de llanto: como se nota en modo especial y eminente en Agustín, en Orosio y en Otón de Frisia, pero como puede verse, por lo menos a modo de indicio de una tendencia, en todos los historiadores o cronistas de comienzos del medioevo. Al ascetismo se une la credulidad de los historiadores medievales, tantas veces señalada y ridiculizada; credulidad que está referida frecuentemente al predominio de la fantasía, o a las condiciones sociales, que hacían raros los libros y difícil el cotejo crítico, es decir, a cosas que requieren a su vez ser explicadas.

El ascetismo disminuyendo el interés por las cosas mundanas y por la historia ayudó al descuido y a la dispersión de los libros y documentos, promovió la credulidad hacia todo lo que se oyese o leyese, desenfrenó la imaginación, amante de lo admirable y lo curioso, en menoscabo del discernimiento; e hizo esto no sólo en la historia propiamente dicha, sino también en la ciencia de la naturaleza o historia natural, indiferente también para quien poseía la verdad última de la religión.

Al ascetismo debe referirse la débil individualización de la historiografía medieval, la cual se contenta frecuentemente con lo típico de la bondad o la maldad, y menos aún tiene conciencia de las diferencias históricas de los lugares y los tiempos, y disfraza los personajes y acontecimientos con el ropaje que le es contemporáneo. Y llega hasta componer historias ficticias y falsos documentos, que representen el tipo presupuesto. A este ascetismo como razón intrínseca se debe también la fortuna que en el medioevo tuvo la forma cronista, porque, descuidada la comprensión de los hechos particulares, no quedaba sino anotarlos tal como eran observados o referidos, sin nexo ideológico o con el solo nexo cronológico; de suerte que en los escritos de los historiadores medievales se da frecuentemente la unión de una historia grandiosa, que comienza por la creación del mundo o por la dispersión de los pueblos; y de una crónica árida, que seguía a ese elevado principio, y que a medida que se avecinaba a las épocas y lugares de los autores se hacía cada vez más particular y contingente.

Concebidas las dos ciudades, la celeste y la terrenal, y afirmada, por otro lado, la trascendencia del principio de explicación, la conciliación del dualismo no podía buscarse en la inteligencia sino en el mito, que ponía término a la lucha con el triunfo de uno de los dos adversarios: el mito de la caída, de la redención, del esperado reino de Cristo, del Juicio Final y de la final separación de las dos ciudades, una elevada al paraíso, la de los elegidos, y la otra arrojada al infierno, la de los réprobos. Mitología que tenía su precedente en las esferas mesiánicas del judaísmo.

La historia era organizada en épocas o fases espirituales, a través de las cuales nacía, crecía y se perfeccionaba la humanidad. Según los historiadores contemporáneos después del Imperio Romano no habría habido otro, y habría seguido sin más el reino de Cristo o de la Iglesia, y luego el Anticristo y el Juicio universal. La más notables de estas variaciones cronológicas fue el Evangelio eterno de los monjes de Joaquín de Flora, que dividían la historia en tres épocas, correspondientes a las tres personas de la Trinidad; la primera o del viejo testamento, al Padre, la segunda o del nuevo, al hijo, y la tercera y última al Espíritu.

Otra característica clara será la necesidad de utilizar la interpretación alegórica para realizar un puente entre el esquema y la realidad. Fueron así alegorizados personajes de la historia sagrada y profana. En la interpretación alegórica se comprende también al reino de la naturaleza; y así como la historia y la metafísica habían sido entremezcladas y confundidas entre sí, también lo fue con ambas la ciencia natural; y todas juntas se presentaron alegorizadas en las enciclopedias medievales, en los "Panteones" y en los "Espejos del Mundo". Manuscritos, códices, miniaturas y arte son, de acuerdo a los historiadores, las principales formas de conocimiento a lo largo de la Alta Edad Media. Las abadías y los monasterios eran focos de enseñanza y educación; se consideraban como "... verdaderos crisoles donde se fraguaban las ideas". Allí los manuscritos eran guardados en unos lugares especiales que se convirtieron en las primeras bibliotecas medievales. De igual manera, había talleres donde trabajaban en comunidad monjes miniaturistas y copistas.

En estos lugares había atriles para los códices que se estaban copiando, mesas para cada uno de los copistas, para los rubricantes y para el estudio de los libros. En cada una de las mesas tenían todo lo necesario para ilustrar y copiar: cuencos con tinta, plumas finas, piedra pómez para alisar los pergaminos y tintas de oro y de colores para acabados especiales. En Francia, el monasterio de Saint Marial de Limonges tuvo un importante taller de copistas y miniaturistas.

En su edad de vigor juvenil, el cristianismo se vio obligado a tolerar junto a su historia sagrada, una historia profana, dictada por intereses económicos, políticos y militares.

En el curso del medioevo también se tuvo una épica de las conquistas territoriales, de los choques entre los pueblos y de las luchas feudales, también persistió una historiografía mundana, mezclada y combinada con la religiosa; y hasta cristianos fervientes y sacerdotes píos cedieron al deseo de recoger y transmitir las memorias de los pueblos a que pertenecían, y Gregorio de Tours narró la historia de los francos, Pablo Diácono la de los lombardos, Beda la de los anglos y Wedekindo la de los sajones.

El mito y el milagro se fueron intensificando en el cristianismo, a la vez que se hacían distintos de los mitos y los milagros de los antiguos. Distintos y más elevados, porque encerraban un pensamiento más elevado; el pensamiento de un valor espiritual, no ya particular a un pueblo determinado, sino común a toda la humanidad. La historia eclesiástica surge y se diferencia de la historia de Atenas o de Roma, pasa a ser la historia de la religión y de la Iglesia que la representaba, la de sus luchas y sus triunfos, es decir, de las luchas y de los triunfos de la Verdad. La historia eclesiástica tiene por objeto un valor espiritual, merced al cual aclara y juzga los hechos. Y dado que con el cristianismo se hace historia de la verdad, sale a la vez de lo fortuito y del azar y reconoce su propia ley que ya no es una ley natural, sino racionalidad, inteligencia y providencia.

La Providencia guía y dispone el curso de los acontecimientos, dirigiéndolos a un fin, consiente los males como castigos e instrumentos educativos, y determina las grandezas y las catástrofes de los imperios para preparar el reino de Dios. Y esto quiere decir que por vez primera se ha quebrado la idea del círculo, del eterno retorno de las cosas humanas a su punto inicial, del vano trabajo de las Danaides y que por primera vez la historia es entendida como progreso. Por esta razón censurar la historia eclesiástica porque supera y oprime a la profana, no es justificable como crítica general de la idea de esa historia. La razón profunda por la que la mentalidad medieval ha sido considerada como ahistórica, podría residir en el hecho de que el hombre no ha llegado a apropiarse de la historia, puesto que esta se reduce a la realización de los designios divinos para con la humanidad. Por otra parte, el género hagiográfico pesa enormemente sobre el género histórico, corriendo el riesgo de confundirse ambos. Muchos autores defienden la tesis de la identidad esencial entre la hagiografía e historiografía, según la cual existe un solo espectro historiográfico que comprende los libros de los Milagros, las Historias y las Crónicas.

Ambos géneros tienen en común, efectivamente, la misma preocupación por la verdad y por la autenticidad de los hechos. Ambos persiguen el mismo fin, evitar que los hechos notables caigan en el olvido.

De todos estos géneros se hace la elite medieval para justificar su poder y las cruzadas.

Las cruzadas surgieron por dos motivos: los meramente espirituales y los económicos. Los primeros obedecían a una necesidad íntima de miles de personas que, acosadas por la urgencia de trascendencia espiritual, se ponen en marcha desesperadamente, como si se tratara de una migración animal abocada a la autodestrucción, y que consolidó el fenómeno de la cruzada espiritual propiamente dicha. Este impulso colectivo recibió posteriormente el espaldarazo de la jerarquía religiosa católica, dispuesta a fomentar en una época de peligroso oscurantismo, como los albores del siglo XII, todo aquello que, a la larga, representase una ocasión para asentar sus privilegios, lucrativos o políticos, toda vez que a partir de esta época la Iglesia católica se configuró en Occidente como el Estado más poderoso y acaudalado de la cristiandad, al que sólo los templarios eran capaces de salir fiadores y prestar sumas fabulosas. Los motivos económicos de la aventura cruzada radican precisamente en esta necesidad que tenía la Iglesia de aumentar y consolidar su patrimonio. Las naciones católicas enarbolan el estandarte de la fe y marchan a Tierra Santa a arrojar a los infieles de los santos lugares y de toda Palestina, pero a nadie se esconde que tras la pretensión religiosa subyace sin paliativos un programa de conquista de nuevos territorios, encaminado a conseguir que los convoyes y las naves comerciales transiten pacíficamente por las rutas de la seda y de las especias, liberar el Mediterráneo y acceder al exótico mercado de Oriente, como intentaría Marco Polo; crear un punto de anclaje de ejércitos Celes a la cristiandad (el reino latino de Jerusalén) que sirva de arsenal y frontera ante el avance del islam. Y en todo esto, una orden militar como la templaría se revela como algo muy importante y necesario, pues puede actuar en los territorios sometidos como núcleo difusor de ideologías y como cuerpo policial.

La carestía, el hambre, las epidemias, la penuria que aflige a las clases populares, sumado todo ello a la falta de cultura, hacen de la masa global de la población europea un terreno fértil donde la exaltación religiosa sembrará la simiente de esperanza que conduce al hombre medieval al fanatismo o a la locura: los predicadores y la concepción trascendental y última de la existencia, azuzada por la imagen de un más allá siempre inmediato y terrorífico para una humanidad desasistida y la mayoría de las veces depauperada, es el mecanismo que libera el resorte psicológico por el que las masas adoptan soluciones drásticas y en ocasiones suicidas (cruzada popular de Pedro el Ermitaño, cruzada de los Niños) ante sus conflictos de identidad colectivos, generados la mayoría de las veces por el ansia que provoca una vida de pobreza, opresión y enfermedad, en continuo pulso con la muerte, y una expectativa escatológica basada en una visión del más allá nada alentadora, asentada en la idea de culpa y expiación, una óptica dualista y radical que deja al hombre medieval muy pocas posibilidades de salvación última y lo aboca casi irremisiblemente a las penas del infierno. En este contexto, la santa cruzada, emprendida en nombre de Dios para salvación de naciones y de almas, es una solución a corto plazo [1]. La I Cruzada, predicada por Urbano II en el concilio de Clermont-Ferrand (1095), pretende conquistar territorios, someter al infiel y terminar con las luchas intestinas entre la caballería italiana y sobre todo franca, cuya levantisca nobleza abusa de la población en general, burgueses o siervos, que se ven acosados entre las depredaciones de sus señores naturales y el bandolerismo. Los ejércitos cruzados marchan al unísono bajo la divisa papal: «Dios lo quiere».

LA TOMA DE JERUSALEM

Jerusalén, 15 de julio de 1099. Frente a los muros de la ciudad tres veces santa se congrega un poderoso ejército procedente de Constantinopla, adonde han ido convergiendo poco a poco y desordenadamente las mesnadas de diversos señores francos y de la nobleza europea. La considerable fuerza de estos ejércitos consigue abrirse camino hasta Jerusalén y sitiarla. Después de un largo y penoso asedio, las tropas al mando de Godofredo de Bouillon, duque de la Baja Lorena, toman por asalto la ciudad a los musulmanes. Tras el fragor de la batalla, la sagrada ciudad hierve de fuego y de sangre; en sus torreones y en los matacanes de sus murallas ondean las banderas internacionales de los cruzados: acaba de crearse el reino latino de Jerusalén, que quedará bajo la autoridad de los Bouillon y los Lusignan. Godofredo de Bouillon, incapaz de «ceñir corona de oro allí donde Cristo sufrió la de espinas», se declara no rey, sino Protector del Santo Sepulcro. Más tarde, los ejércitos cruzados expanden su influencia militar y política en la zona y recaban para sí parte de los territorios ocupados por Siria, donde crean el principado de Antioquía y los condados de Edesa y Trípoli. Para proteger el territorio se habilitan las órdenes de caballería y sus miembros, mitad monjes, mitad soldados, combaten junto a los cruzados, cabalgan al flanco de sus caravanas, recorren las desiertas rutas de Tierra Santa para proteger a los peregrinos de los ataques del bandolerismo y de las escaramuzas de los guerreros musulmanes. Con este fin se crean las Ordenes del Temple (1118), de los Caballeros Hospitalarios (1120) y de los Caballeros Teutónicos (1198), aunque éstos sólo actuarán fuera de Palestina, en los territorios regados por el Báltico.

"La ciudad [de Jerusalén] es rodeada por un muro con torres altas y fuertes, y tiene varios palacios construidos con una gran riqueza. La iglesia del Santo Sepulcro es la iglesia más venerable del mundo, donde está enterrado nuestro Señor Jesucristo y donde Él resucitó de entre los muertos. También hay muchas otras iglesias en la ciudad, incluyendo la iglesia del Cenáculo, donde Cristo celebró la Última Cena con sus discípulos" - El cronista anónimo de la Primera Cruzada, en su obra "Gesta Francorum" (Hechos de los Francos), escrita a finales del siglo XI.

Esta cita describe la ciudad de Jerusalén durante el período del Reino Latino de Jerusalén y menciona la riqueza y las iglesias importantes en la ciudad, incluyendo la iglesia del Santo Sepulcro y la iglesia del Cenáculo. La obra "Gesta Francorum" es una fuente primaria importante para comprender los acontecimientos y la mentalidad de la época de la Primera Cruzada y el Reino Latino de Jerusalén. nos da una idea de la importancia de Jerusalén como un centro religioso y cultural durante el período del Reino Latino de Jerusalén, así como de la impresionante arquitectura y riqueza de la ciudad. Conjuntamente, nos muestra cómo la religión y la historia se entrelazan en la descripción de la ciudad y sus lugares sagrados. Como fuente primaria, la obra "Gesta Francorum" nos proporciona una visión contemporánea de los acontecimientos y las percepciones de la época de la Primera Cruzada y el Reino Latino de Jerusalén. El establecimiento del Reino Latino de Jerusalén en 1099 marcó el comienzo de la presencia europea en Oriente Medio durante la Edad Media. La conquista de Jerusalén y la creación del reino fue vista como una victoria milagrosa por los cristianos y dio lugar a una gran ola de entusiasmo por la cruzada. Sin embargo, el reino se encontró con una serie de dificultades, incluyendo ataques musulmanes, conflictos internos y una falta de recursos para mantener su presencia en la región.

Para proteger los territorios conquistados y los peregrinos que se dirigían a los lugares sagrados, se crearon las órdenes de caballería mencionadas: el Temple, los Caballeros Hospitalarios y los Caballeros Teutónicos. Estas órdenes no solo se dedicaron a la defensa militar, sino que también desempeñaron un papel importante en la organización de la sociedad y la economía de la región, estableciendo hospitales, monasterios y otros centros de ayuda para los necesitados.

"Y de este modo, con la ayuda de Dios, fue conquistada Jerusalén y purificada la iglesia del Santo Sepulcro, y se estableció un reino en ella, gobernado por Godofredo, duque de Lorena, y después de su muerte, por su hermano Balduino" - El cronista anónimo de la Primera Cruzada, en su obra "Gesta Francorum" (Hechos de los Francos), escrita a finales del siglo XI.

Esta es una descripción contemporánea de la conquista de Jerusalén durante la Primera Cruzada y el establecimiento del Reino Latino de Jerusalén. El cronista anónimo de la Primera Cruzada escribió su obra "Gesta Francorum" para registrar los hechos de los francos durante la Primera Cruzada. La obra es una fuente primaria valiosa para entender los eventos y las percepciones de la época.

Aunque las órdenes de caballería lograron mantener el control de algunos territorios durante un tiempo, la presencia europea en Oriente Medio fue finalmente desafiada por la creciente fuerza del Islam y las divisiones políticas y religiosas en Europa. A medida que la Edad Media llegaba a su fin, la atención de los europeos se volcaba cada vez más hacia su propio continente, y los cruzados gradualmente abandonaron la región.

Sin embargo, la presencia europea en Oriente Medio durante la Edad Media tuvo un impacto duradero en la región, tanto en términos de arquitectura y arte como en la cultura y la política. La mezcla de influencias orientales y occidentales dio lugar a un florecimiento de la cultura y las artes, mientras que la presencia de las órdenes de caballería tuvo un impacto duradero en la organización social y política de la región. la presencia de las órdenes de caballería también tuvo un impacto significativo en la historia de la Iglesia Católica. Los Caballeros Templarios, en particular, se convirtieron en una orden muy poderosa y rica, con un gran número de seguidores en toda Europa. Sin embargo, su éxito y riqueza eventualmente los llevaron a su caída, cuando el rey francés Felipe IV los acusó de herejía y corrupción y los disolvió en el siglo XIV. A pesar de los desafíos y los conflictos, la presencia europea en Oriente Medio durante la Edad Media también dio lugar a un intercambio cultural y científico significativo. Los cristianos europeos aprendieron de la medicina y la ciencia musulmanas, mientras que los musulmanes adquirieron conocimientos sobre la filosofía y la teología cristianas. También se produjo un intercambio de ideas sobre la arquitectura y la construcción, lo que llevó a la creación de algunas de las estructuras más impresionantes de la época, como la Cúpula de la Roca en Jerusalén. La creación del Reino Latino de Jerusalén y las órdenes de caballería que lo protegieron tuvieron un impacto duradero en la historia de Oriente Medio y Europa durante la Edad Media. Aunque la presencia europea en la región finalmente llegó a su fin, su legado sigue siendo visible hoy en día en la arquitectura, la cultura y la religión de la región. Después de la Primera Cruzada en 1099, los cruzados establecieron el Reino Latino de Jerusalén en la Tierra Santa, que duró hasta 1291. Durante este tiempo, los cruzados construyeron numerosas fortificaciones, iglesias y otros edificios, que todavía se pueden ver en la región hoy en día. También trajeron nuevas ideas y tecnologías a la región, como la arquitectura gótica y el uso de la pólvora en la guerra.

"Los caballeros de la Orden del Hospital [de San Juan] fueron los primeros en construir una casa para su orden en Jerusalén, cerca de la iglesia del Santo Sepulcro. Más tarde, los caballeros de la Orden del Temple construyeron su casa cerca del templo de Salomón. Ambas casas se convirtieron en fuertes y refugios para los cristianos que vivían en la Tierra Santa" - Guillermo de Tiro, cronista y arzobispo de Tiro, en su obra "Historia Rerum in Partibus Transmarinis Gestarum" (Historia de las Cosas Hechas en las Tierras de Ultramar), escrita en el siglo XII.

La cita es una descripción contemporánea de las primeras construcciones de las órdenes de caballería en Jerusalén, que se convirtieron en refugios para los cristianos durante el Reino Latino de Jerusalén. Guillermo de Tiro fue un arzobispo y cronista que vivió durante el período de las Cruzadas y escribió sobre los acontecimientos en Oriente Medio y Europa en su obra "Historia Rerum in Partibus Transmarinis Gestarum".

Las órdenes de caballería que protegieron el Reino Latino de Jerusalén también dejaron su huella en la región. La Orden de los Caballeros Templarios, en particular, se convirtió en una poderosa fuerza militar y financiera en Europa, y su riqueza y poder fueron una fuente de controversia y envidia. Finalmente, la orden fue suprimida por la Iglesia Católica en el siglo XIV, pero su legado sigue siendo objeto de interés y mito.

"El Reino Latino de Jerusalén y las órdenes de caballería que lo protegieron fueron un fenómeno fascinante en la historia medieval. Ellos trajeron a la Tierra Santa el espíritu aventurero de la Europa medieval, y sus logros arquitectónicos y culturales todavía se pueden ver hoy en día en los lugares sagrados que dejaron detrás de ellos" - Jonathan Riley-Smith.

Asimismo, la presencia europea en la Tierra Santa también tuvo un impacto en la cultura y la religión de la región. Los cruzados trajeron nuevas formas de arte y literatura, y sus ideas y creencias religiosas a menudo se mezclaron con las de los habitantes locales. También establecieron una serie de instituciones religiosas en la región, incluyendo monasterios y conventos, que todavía existen hoy en día.

UNA EMPRESA DESTINADA AL FRACASO

En 1144 san Bernardo de Claraval, figura señera de la cristiandad que ya se había ocupado de la creación de la orden del Temple, predicó la Segunda Cruzada (1144-1148), que fracasó completamente. En ella intervinieron el rey Luis VII de Francia y el emperador de Alemania Conrado III Staufen, quienes acometieron el frustrado asedio

"¡Oh, pueblos cristianos, no durmáis más, no descanséis más, no os desentendáis más de la defensa de la cristiandad! ¿Hasta cuándo permitiréis que esta raza impía y detestable profane el templo del Señor? [...] Que no se diga que la Iglesia de Dios y el pueblo de Dios han abandonado la causa del Señor y han dejado de lado el deber de la cristiandad" - Carta de San Bernardo de Claraval en la que llama a la Segunda Cruzada, 1146. de Damasco.

El rey Luis VII de Francia y el emperador de Alemania Conrado III Staufen fueron dos de los líderes políticos más destacados que se unieron a la cruzada. Sin embargo, a pesar de los esfuerzos y la determinación de los cruzados, la Segunda Cruzada fue un fracaso en general. El asedio de Damasco por parte de los cruzados fue un desastre y no lograron conquistar la ciudad. Conjuntamente, las tensiones y rivalidades políticas dentro de los ejércitos cruzados llevaron a divisiones y debilidades que debilitaron aún más la campaña militar. En última instancia, la Segunda Cruzada no logró sus objetivos y terminó en una derrota para los cristianos en Oriente Medio. Este evento histórico es significativo porque muestra cómo la religión y la política estaban estrechamente relacionadas en la Edad Media, y cómo los líderes políticos eran llamados a tomar parte en cruzadas para defender la cristiandad. También demuestra que no todas las cruzadas tuvieron éxito, y que algunos intentos de conquistar tierras santas terminaron en fracaso, lo que sugiere la complejidad y la dificultad de los conflictos en Oriente Medio durante la Edad Media. La Segunda Cruzada también tuvo implicaciones a largo plazo en la región de Oriente Medio y en Europa. La campaña militar contribuyó a la desestabilización de las fuerzas políticas y militares en Oriente Medio, lo que a su vez allanó el camino para la expansión de los estados musulmanes y la consolidación de su control sobre la región. Por otro lado, la Segunda Cruzada tuvo consecuencias importantes en Europa, especialmente en lo que se refiere a la relación entre la Iglesia y los líderes políticos. La cruzada dejó claro que los líderes políticos podían ser convocados para luchar en guerras religiosas, lo que aumentó la influencia de la Iglesia en los asuntos políticos de Europa. Asimismo, la Segunda Cruzada también tuvo un impacto en la mentalidad de la sociedad medieval. Las cruzadas se convirtieron en una especie de ideal para muchos europeos, que veían la lucha por la cristiandad como un deber sagrado. Este ideal cruzado fue alimentado por la literatura y la cultura de la época, y contribuyó a la formación de la identidad europea.

Durante la III Cruzada (1187) se perdió Jerusalén, aunque se conservaron Jaffa y San Juan de Acre. En ella participaron el rey de Francia Felipe II Augusto, el emperador de Alemania Federico I Barbarroja, que murió ahogado en el Salef mientras se bañaba, y el rey de Inglaterra, Ricardo Corazón de León, quien guerreó incansablemente contra Saladino, pero cuyo comportamiento atizó profundas divisiones entre los príncipes cristianos, ante Felipe Augusto y ante el emperador Enrique VI, de quienes era vasallo [2]. La Tercera Cruzada se inició después de que la ciudad de Jerusalén cayera ante el sultán musulmán Saladino en 1187. En respuesta, el papa Gregorio VIII llamó a una cruzada para recuperar la ciudad santa y otros territorios cristianos perdidos. La cruzada fue liderada por tres monarcas europeos: el rey Ricardo I de Inglaterra (conocido como Ricardo Corazón de León), el rey Felipe II de Francia y el emperador Federico I de Alemania. Los tres líderes partieron hacia Tierra Santa en 1190, pero tomaron rutas separadas y enfrentaron diversos obstáculos en el camino. Federico I murió ahogado en el río Salef, mientras que Felipe II decidió regresar a Francia después de que su ejército sufriera una derrota en la batalla de Arsuf en 1191. Ricardo Corazón de León continuó la lucha y, aunque no logró recuperar Jerusalén, logró capturar importantes ciudades costeras, como Acre y Jaffa. A pesar de que la cruzada no logró su objetivo principal, la Tercera Cruzada se considera una de las más exitosas de la época. Además de los territorios recuperados, los líderes europeos lograron establecer un sistema de treguas con los líderes musulmanes, lo que permitió a los cristianos seguir teniendo acceso a los lugares sagrados de Jerusalén.

También se creó una serie de fortificaciones en la región, lo que fortaleció la posición de los cristianos en el Levante. La Tercera Cruzada también tuvo un impacto significativo en la cultura europea, ya que generó una gran cantidad de relatos de viajeros y aventureros que habían experimentado la vida en Tierra Santa. Esto ayudó a aumentar el interés de los europeos por las tierras del Oriente y su cultura, lo que a su vez influenció en la literatura, el arte y la política de la época. "El resultado final de la Tercera Cruzada fue, por tanto, que los musulmanes conservaron Jerusalén y los cristianos, bajo un rey débil y escaso, mantuvieron la franja costera de Palestina que iba de Jaffa a Tiro" (Runciman, 1951, p. 322).

Los artífices de la IV Cruzada (1202) desviaron su objetivo y, azuzados por los intereses comerciales y hegemónicos de Venecia, atacaron Constantinopla, para oprobio de la cristiandad y desesperación de Inocencio III, en lugar de volver a liberar Tierra Santa. Tras la toma de la metrópoli bizantina (1204) se creó un nuevo Estado en la región llamado Imperio latino de Constantinopla, ciudad que sufrió el asedio y la destrucción a manos de los cruzados cristianos, que derruyeron palacios y arrojaron al mar los tesoros artísticos de la Grecia clásica, y el vandalismo y la codicia de los venecianos [3]. A pesar de que el papa Inocencio III excomulgó a los cruzados y condenó la toma de Constantinopla, la creación del llamado "Imperio Latino" tuvo un impacto duradero en la historia de Europa y Oriente Medio. A través del nuevo estado cruzado, se establecieron contactos y relaciones comerciales entre el mundo cristiano occidental y oriental, y se sentaron las bases para la expansión del comercio y la influencia europea en la región. Una fuente primaria relevante para la IV Cruzada (1202) es la crónica escrita por Geoffrey de Villehardouin, quien participó en la expedición y fue uno de los líderes del ejército cruzado. Su obra, titulada "La conquista de Constantinopla", es una crónica detallada de la expedición y ofrece una visión desde el punto de vista de un participante directo. Villehardouin describe los preparativos de la cruzada, la llegada a Venecia, la negociación con los venecianos para transportar al ejército a Tierra Santa, la decisión de desviar la expedición a Constantinopla y la posterior conquista y saqueo de la ciudad.

La V Cruzada, predicada en el concilio de Letrán (1215), fue dirigida por el rey Andrés II de Hungría y el rey de Jerusalén, Juan de Brienne. Fue un fracaso. La VI Cruzada (1223) fue comandada por el emperador Federico II Hohenstaufen, quien consiguió milagrosamente, sin derramamiento de sangre y tras diversos acuerdos con el sultán de Egipto, el condominio confesional de Jerusalén, Belén y Nazareth, mucho más de lo que habían logrado sus más esforzados predecesores, quizá ayudado o en connivencia con los templarios de Jerusalén, según unos, y en franca oposición con éstos, según otros [4]. La VII Cruzada, predicada en 1245 en el concilio de Lyon y dirigida en 1248 por san Luis, rey de Francia, atacó el sultanato de Egipto. Esta expedición fue un completo fracaso y pareció que el destino no aprobase maniobra alguna que no fuera encaminada a la conquista de los santos lugares: el rey de Francia cayó enfermo y prisionero de los musulmanes junto a varios caballeros de la nobleza francesa; por todos ellos se hubo de pagar un crecido rescate para que recuperasen su libertad y pudieran regresar a su país. No contento con este resultado, san Luis organizó la VIII Cruzada 20 años después, en 1268, que se encaminó a Túnez, Pero tampoco en esta ocasión se obtuvieron resultados favorables para la causa cruzada: el rey de Francia, que iba a la cabeza de los ejércitos, y varios miembros de la familia real murieron de peste a las puertas de la ciudad de Túnez (1270). Pero las cruzadas no respondieron a un ideal eminentemente pacifista y aglutinador de ideales e ideologías, ni entre los europeos ni para con los pueblos sometidos, pues se fueron desviando de su fin principal, la liberación de Palestina, y el poder de los papas utilizó las expediciones cruzadas como objetivo para consolidar sus personales intereses o los de la Iglesia. Así, Inocencio III llegó a predicar una cruzada contra los albigenses, también llamados cátaros (1208-1213), y Gregorio IX contra el emperador Federico II Staufen, ante los ataques de éste a la liga lombarda o contra el rey de Aragón y Cataluña. Pedro III, cuando éste tomó partido por los sicilianos en contra de la Casa de Anjou, cuyos desmanes en Sicilia había apoyado la Santa Sede y el propio san Luis, rey de Francia (Vísperas Sicilianas, 1282). Otras cruzadas se iniciaron impelidas por el fanatismo popular: ya la I cruzada había empezado con las ardorosas predicaciones de Pedro de Amiens, llamado el Ermitaño, que arrastró a una considerable multitud de hombres, mujeres y niños (unos 10.000). Tras numerosas penalidades, sin detenerse ante el saqueo y la violencia cuando necesitaban procurarse alimentos, llegaron a Asia Menor, donde los ejércitos otomanos acabaron con ellos limpiamente. En 1212 surgió la cruzada de los

Niños, encabezada por un pastorcillo de Vendóme, en Francia. De nuevo un inmenso tropel de 30.000 niños y jóvenes se dirigió a Jerusalén sin orden ni concierto, y a ellos se añadieron toda suerte de truhanes y fanáticos. En Marsella embarcaron en varias naves, engañados por mercaderes de esclavos que los condujeron a Egipto, donde fueron vendidos como siervos y a los serrallos. En 1250 se repite el fenómeno y se pone en marcha la cruzada de los Pastorcillos, en la que participaron miles de jóvenes alemanes, que fueron pereciendo trágicamente en su marcha hasta Bríndisi. En la península Ibérica, los monarcas portugueses, castellanos y catalano-aragoneses quedaban exonerados de la participación en las expediciones a Tierra Santa por considerar los papas que la liberación que habían emprendido de la península de la hegemonía musulmana respondía a los mismos ideales de consolidación y defensa de la cristiandad. Para completar el panorama de las expediciones cruzadas, sólo resta añadir que en 1291 los sirios se adueñan definitivamente de todas las posesiones enajenadas por los cristianos europeos y toman San Juan de Acre, Tiro, Beirut y Sidón. Los templarios, que habían representado un gran apoyo para las fuerzas militares y civiles en Tierra Santa y en todo el Mediterráneo, pasan a Chipre, donde permanecerán hasta la disolución de la compañía (1312).

LOS PROTECTORES DE LOS PEREGRINOS

Con la conquista de Tierra Santa en 1095 surge el fenómeno de las grandes peregrinaciones de los cristianos europeos a Palestina, deseosos de contemplar el Santo Sepulcro y pisar la tierra sagrada en que Cristo sufrió pasión y muerte. Pero el viaje, ya de por sí plagado de peligros y sobresaltos en territorios cristianos, pese a las bulas papales que establecían inmunidad a los peregrinos y aseguraban la protección eclesial de sus familias, tierras y patrimonios mientras durase su devoto periplo, era todavía más arriesgado en los países delimitados por tierras de infieles, pues los viajeros se exponían de continuo a ser asaltados por grupos de bandoleros y, sobre todo, a ser certero objetivo de beduinos saqueadores o de los temibles y fieros ashashins. Por este motivo precisamente y para socorrer a los necesitados de ayuda en rutas, pasos y fronteras, a la labor desarrollada por los benedictinos, que ya antes del siglo XI poseían los dos monasterios de Santa María Latina y de Santa María Magdalena, se añade, en 1113, mediante bula papal publicada por Pascual II, la creación de la orden del Hospital de San Juan Limosnero de Jerusalén, fundada por Raymond du Puy, cuyos miembros, los hospitalarios, socorren a enfermos y desasistidos, aunque también se ocupan de la seguridad en los caminos. Pese a esto y con una motivación más directamente militar, se funda en 1128 la Orden del Templo de Salomón, una milicia compuesta por monjes-soldados cuyo objetivo primordial es proteger y defender a los peregrinos cristianos en Tierra Santa, pero también combatir directamente contra el infiel, servir de avanzadilla cristiana en castillos y fortalezas fronterizos con los reinos musulmanes y patrullar las rutas, acompañar caravanas y, más tarde, realizar misiones diplomáticas y secretas de alta envergadura.

[1] «La repentina aparición de los prophetae predicando la cruzada daba a estas masas afligidas la oportunidad de formar grupos salvacionistas en una escala mucho más amplia y al mismo tiempo de escapar de tierras en las que la vida se había hecho intolerable». COHN, Norman: En pos del Milenio, Alianza Universidad, Madrid, 1985. [2] La gloriosa leyenda de Ricardo Corazón de León (1157-1199) no corresponde a la realidad de los hechos. Rey de Inglaterra, antepuso siempre sus intereses personales a los del reino. Vasallo del rey de Francia, Felipe Augusto, se enemistó con él en Tierra

Santa, por lo que este monarca favoreció luego los intereses de Juan Sin Tierra, hermano de Ricardo, sobre el trono de Inglaterra. En el mismo orden de cosas, durante el asedio a San Juan de Acre (1191), Ricardo ofendió mortalmente al duque Leopoldo de Austria, pues no tuvo reparo en apartar el estandarte que el austriaco había clavado en los muros de la ciudad para colocar el suyo propio: a su paso cerca de Viena y de regreso de la cruzada, el duque lo hizo prisionero y lo retuvo dos años, con la aquiescencia imperial, hasta que Inglaterra pagó el correspondiente rescate. [3] Los primeros monarcas del artificial Imperio latino de Constantinopla fueron: Balduino I, conde de Flandes (1204-1205), su hermano Enrique (1206-1216), Pedro de Courtenay (1217), casado con la hermana de los anteriores, y ésta última, Yolanda (1217-1219). [4] GRIMBERG. Cari: La Edad Media, Historia Universal Daimon, Madrid, 1973.

FUNDACIÓN DEL TEMPLE

Pese a la conquista de los territorios palestinos en los que quedaban enclavados los Santos Lugares y la fundación del reino de Jerusalén, la seguridad de los pobladores cristianos era precaria, por lo que el rey Balduino realiza en 1115 un llamamiento a los cristianos de Oriente, petición que Balduino II reiterará en 1120, esta vez dirigida a Occidente. Más o menos en 1118, un caballero francés, Hugues de Payns —que, según algunos historiadores, es catalán y su verdadero nombre es Hug de Pinós, pero en todo caso su procedencia resulta de difícil determinación—, acude ante Balduino, rey de Jerusalén, y solicita, junto a ocho caballeros franceses y flamencos, la aquiescencia real para defender a los peregrinos cristianos en su transitar por Tierra Santa. El rey accede y, como se verá más adelante, les concede privilegios y les entrega las edificaciones correspondientes al antiguo Templo de Salomón para que vivan en él, de lo que resulta que los nueve caballeros habitan prácticamente en el sagrado recinto cuya construcción y derrumbamiento narra la Biblia. Nueve años más tarde, tras la previa incorporación a la orden del conde Champaña (1126), Hugues de Payns y algunos de los caballeros templarios parten hacia Francia, donde expondrán, en el concilio de Troyes (1128), la necesidad de la incipiente «orden» de obtener unos estatutos aprobados por la Iglesia; solicitar consejo a san Bernardo, abad de Claraval, sobre cuestiones preeminentemente de conciencia (recordemos la dicotomía entre «guerra justa» y «guerra santa»), y reclutar frailes-soldados para Tierra Santa, pues cada vez son más necesarios. Así, pues, san Bernardo redacta los estatutos y participa directamente en la puesta en marcha de un proyecto al que, según parece, tampoco es ajena la Orden del Císter ni el abad de Citeaux, Esteban Harding.El papa Honorio II (1124-1130) decide la aprobación de los estatutos de la orden y da su visto bueno al proyecto: la creación de una orden que proteja a los peregrinos en Tierra Santa y haga practicables las rutas que los conducen hasta el Santo Sepulcro. Quizá y a decir de muchos, existen otros motivos soterrados para la fundación de una orden religiosa y militar que, en teoría, va a realizar las mismas misiones y prestar idénticos servicios que la ya existente de los hospitalarios. Se trata, pues, de una misión aparente a los ojos del siglo, defender peregrinos, nada más necesario y natural en el contexto de una

Tierra Santa perennemente amenazada durante los dos siglos de vigencia de la orden por conflictos bélicos y políticos. La propia Jerusalén, sede de la casa madre, cae varias veces en poder de los infieles y la ciudad se ve continuamente sometida a intercambios, negociaciones y tratados internacionales, Así pues, más allá de la protección de los peregrinos, los templarios se van a encargar de la defensa de los intereses de la cristiandad en Oriente, intereses tanto políticos como decididamente económicos, pero siempre vinculados con la política hegemónica de la Santa Sede, pues no en vano el papa, de quien depende directamente la orden y sus grandes maestres, es la máxima figura de la Iglesia de Cristo, y a él deben obediencia no sólo las órdenes militares sino las principales jerarquías seculares, a la cabeza de todas ellas, el sacro emperador romano-germánico. Los templarios, como monjes-soldados, luchan al lado de la cristiandad y de los ejércitos procedentes de Europa occidental; crean sus encomiendas y erigen sus poderosas fortalezas; intervienen en la redacción de las leyes, en los pleitos dinásticos, en la economía europea, trayendo y llevando —y prestando— dineros, como primero los Fugger y luego los Taxi, hasta edificar un imperio fabuloso, impensable algunas décadas antes de su fundación, un auténtico Estado dentro del Estado, como corpus separatutn del reino de Francia primero y de la jerarquía eclesiástica romana después. Todo ello, además de sorprender, incita a la investigación y en este terreno, como siempre sucede cuando la historia no aporta pruebas definitivas de los hechos, surge la leyenda y se crean diversas líneas de seguimiento; entre ellas destacan las dos corrientes contrapuestas propias de toda situación dual irresoluta: algunos historiadores y estudiosos propugnan la teoría de que la orden templaría fue creada para la consecución de fines secretos, relacionados con el descubrimiento de grandes verdades esotérico-místicas que los poderes oficiales habían silenciado durante siglos (Louis Charpentier), y para la creación y desarrollo de un imperio universal sinárquico y añaden a los motivos de su creación la persecución de teorías trascendentalistas y espirituales de primer orden, cuyo estudio y práctica cambiara al hombre y a la humanidad y lo proyectase a una nueva época de elevación espiritual (ATIENZA, J. G.: La meta secreta de los templarios; La mística solar de los templarios: Guías de la España mágica, entre otras obras, Ediciones Martínez Roca, Barcelona, 1983. Guía de la España templaría. Editorial Ariel, Barcelona, 1985). Pero existen otros que niegan decididamente toda implicación trascendentalista de la obra y la misión de los templarios y limitan el análisis de la orden al mero panorama político y religioso medieval y renuncian a plantearse interrogantes y enigmas que, en muchos casos, saltan a la vista o por lo menos sorprenden (DEMURGER, Alain: Auge y caída de los templarios, Ediciones Martínez Roca. Barcelona, 1986). Ante interpretaciones de este cariz no estaría de más sacar a colación las palabras de Jacques Bergier respecto de otro fenómeno contemporáneo bien conocido y nunca lo suficientemente analizado: «El nazismo constituyó uno de los raros momentos, en la Historia de nuestra civilización, en que una puerta se abrió sobre otra cosa, de manera ruidosa y visible. Y es singular que los hombres pretendan no haber visto ni oído nada, aparte de los espectáculos y los ruidos del desbarajuste bélico y político». En otro orden de cosas, las opiniones sobre los milites Templi Salomonis abarcan un amplio abanico de interpretaciones de su gesta, desde quienes sostienen que los templarios pertenecieron a un orden precristiano y secular, de origen druídico, que nada tuvo que ver con los postulados de la Iglesia romana y que nació para proteger a cataros, gnósticos y sufíes, hasta los que afirman que su meta fue rotundamente anticristiana y alejada de todo impulso renovador y progresista, pasando por los que sostienen que la orden fue la excusa tras la que se parapetaron las actividades de ciertas sociedades secretas de los siglos XII y XIII, de cuyas fuentes bebieron las órdenes rosacrucianas y francmasónicas de los siglos XVIII y XIX, hasta las teorías más descabelladas. Entre todos ellos destacan: P. PARTNER, El asesinato de los magos. Los Templarios y sus mitos; Robert AMBELAIN: Jesús o el secreto mortal de los templarios; Rafael ALARCÓN: A la sombra de los templarios (títulos todos publicados por Ediciones Martínez Roca, Barcelona).

SAN BERNARDO DE CLARAVAL

Bernardo (1090-1153), fundador y primer abad de Claraval (Clairvaux, Francia), doctor de la Iglesia, ardoroso predicador de la II Cruzada, está considerado por muchos el verdadero fundador e inspirador de la orden; de hecho, su texto De laude novae militiae está dedicado a analizar las dificultades y contradicciones de una orden militar como la templaría, que pretende ser, por un lado, religiosa —y, por tanto, dedicada a la oración y a la compasión— y, por otro, militar —abocada a la guerra y al homicidio—. Pero ya el santo varón se encarga de dejar claros los conceptos de homicidio penado y homicidio en nombre de Cristo, lo que disculpa e incluso ensalza. Éste es el fundamento de la «guerra santa». De cualquier forma, la figura de Bernardo se presenta como impulsor de la nueva orden y su carácter enérgico y decidido consigue que el proyecto sea aprobado y reconocido, para bien de la cristiandad, que necesita de los esfuerzos de estos milites Christi, «soldados de Cristo», un término ya controvertido en la propia época de la fundación de la orden, pues no en vano se alzan numerosas votes, sorprendidas por este nuevo ejército militante que no tiene reparo en recurrir a la espada para defender la fe por medio de la sangre. Hay que tener en cuenta que, hasta el momento, los enfrentamientos entre ambas religiones —el cristianismo y el islam— habían sido dirimidos mediante pacíficos acuerdos, allí donde coexistían ambas religiones, o mediante métodos más expeditivos —en cuestiones fronterizas o entre reinos—. Pero nunca se había visto que monjes profesos no tuvieran reparo en acudir a las armas para solventar las diferencias con otras religiones. Esto sentaba un peligroso precedente y creaba un vacío legal en la aplicación de la doctrina católica: si los siervos de Cristo podían recurrir a la espada con toda impunidad, teniendo incluso el Paraíso por recompensa, como sucedía con los integrismos musulmanes (chutas) o los primitivos cultos germánicos, se violaba flagrantemente la ley mosaica. De este modo, se santifica la guerra y la muerte violenta del enemigo, aunque san Bernardo se cuide de aclarar que «se trata de enfrentarse sin miedo a los enemigos de la cruz de Cristo» , sin pararse a pensar que es precisamente Cristo el que renuncia, con su ejemplo personal, según los Evangelios, a utilizar la violencia de las armas contra los enemigos de la fe (Le 22, 47-54). Pese a la postura tan ortodoxa y tan en consonancia con la doctrina oficial de san Bernardo, no en vano doctor Ecclegiae, no faltan autores que sospechan intereses y motivaciones ocultas en su actuación y, quizá con exceso de imaginación, lo convierten en el misterioso abad de secreta conducta que, aparentemente hijo predilecto de la Iglesia romana, realiza toda una labor de zapa para, solapadamente, crear una orden de monjes-soldados cuyos estatutos les posibiliten poco a poco una independencia inusitada de la jerarquía eclesiástica. Monjes sujetos tan sólo al fallo del papa en última instancia y de cuya obediencia se pudieran desligar en un futuro gracias al inmenso poder de la orden, económico y, por tanto, también político y social. De ser cierto esto, Bernardo habría sido el artífice de un poderoso movimiento basado en postulados ideológicos y religiosos precristianos, encaminado a desarrollarse en el seno de la cristiandad, precisamente con el único fin de acabar con la hegemonía de ésta y de acelerar el advenimiento del reino de los Mil Días que la Biblia preconiza. Pero, más allá de las especulaciones, la doctrina y la figura de san Bernardo se conforman puntualmente a los patrones tradicionales de obediencia a la Iglesia, como demuestran sus escritos, pese a que en ciertas ocasiones tome la pluma para enmendar la conducta de algún pontífice. Bernardo es, ante todo, un hombre de iglesia, devoto y estricto, que quizá no llega nunca a sospechar el poder inmenso y los tortuosos caminos que recorrerán dos siglos más tarde sus hijos predilectos, los milites Christi, los soldados del Templo de Salomón a los que ha prestado todo su apoyo y esfuerzos.

LA IMPORTANCIA DEL CÍSTER

La Orden del Císter, fundada por san Roberto en la abadía de Citeaux, Francia, en 1098, como renovación y recuperación de los ideales benedictinos y pureza de la regla original, intervino directamente en la creación de la Orden del Temple.

Ya san Bernardo, abad de Claraval, presunto fundador o, al menos, inspirador de la orden, redactó sus estatutos y animó a sus familiares, sobre los que al parecer ejercía un gran ascendente, que a la sazón eran condes de Champaña o vivían en dicho condado, para que participasen directamente en la fundación de la orden, se vincularan a ella o la favorecieran con donaciones y legados. Hugues de Payns, el primer gran maestre del Temple es señor feudal de un territorio cercano a Troyes y está emparentado con los condes de Champaña; André de Montbard, uno de los nueve caballeros, es tío del propio san Bernardo. Y san Bernardo, como sabemos, es el abad fundador de la abadía de Claraval, perteneciente a la orden del Císter (y de otras 343 casas abaciales), orden que hasta la fundación del Temple era refugio de caballeros y trovadores cuando éstos, hastiados de las pasiones del siglo, decidían retirarse a la vida contemplativa y recoleta de sus claustros (Bertrán de Born, Bernart de Ventadorn), donde abandonaban sus sirventeses por la divisa ora et labora. El movimiento renovador del Císter, apoyado en las abadías de Claraval, Citeaux. La Ferté. Pontigny y otras, recabó considerable poder y autoridad y desbancó a la antaño todopoderosa Orden de Cluny, de la que procedía y cuya regla enmendaba, en un intento por regresar a las fuentes primigenias de la pobreza benedictina, sobre todo durante la titularidad de san Esteban Harding (1109-1134) como abad de Citeaux, quien encargó a sus monjes la ardua tarea de descifrar y estudiar los textos sagradoshebraicos hallados en Jerusalén, después de la toma de la ciudad en 1095, con ayuda de los sabios rabinos de la Alta Borgoña. El Císter participó en la fundación de la Orden del Temple y también en la creación de las Órdenes militares de Calatrava (1164), Alcántara (1213) y Aviz (1147), que, curiosamente, heredarían y serían, pese a todo, continuadoras del Temple tras su proscripción. Los privilegios de la Orden del Císter encierran una fórmula que empleaban los caballeros templarios y en la que el neófito postulante, admitido a la orden, jura, además de los extremos relacionados con la fe, obediencia al gran maestre, defender a la Iglesia católica y no abandonar el combate aun enfrentado a tres enemigos. Y, por su parte, el juramento de los maestres templarios afirma, «según los estatutos prescritos por nuestro padre san Bernardo», que «jamás negará a los religiosos, y principalmente a los religiosos del Císter y a sus abades, por ser nuestros hermanos y compañeros, ningún socorro...». Esta frase da pie a algunos estudiosos (Charpentier entre ellos) para afirmar que el Temple fue, en puridad, una hechura completa de la Orden del Císter y de san Bernardo en particular, quien encargó a hombres de su confianza, los nueve caballeros, una misión especial y secreta. Esta misión ponía en juego el poder de la propia orden —que, curiosamente, a los pocos años resultó ser tan poderosa y acaudalada como la orden cluniacense que se había pretendido reformar mediante la pobreza—, perseguía al parecer el descubrimiento de secretos milenarios, como el paradero del arca de la alianza o del santo grial, y pudo ser la responsable directa de la aparición del arte gótico en Francia. Por desgracia, el misterio que ha envuelto desde siempre a la Orden del Templo de Salomón no ha arrojado luz alguna sobre estas hipótesis.

LOS NUEVE CABALLEROS

En 1118 nueve caballeros franceses y flamencos se presentan en Tierra Santa, ante el rey de Jerusalén, Balduino II, y le ofrecen su colaboración para vigilar y patrullar caminos, realizar labores policiales y defender a peregrinos y cristianos en general de las acechanzas de sarracenos y beduinos e incluso de los propios cristianos jerosolimitanos que no temen, en ocasiones, darse al bandolerismo y desvalijar a los devotos visitantes europeos.

A la cabeza de estos valerosos hombres viene, como sabemos, el caballero noble Hugues de Payns, que comanda un proyecto surgido en Francia. Tanto si este caballero responde ante Bernardo de Claraval del éxito de la misión como si todo ello obedece al particular criterio e iniciativa propios del noble, nada se sabe con certeza. El caso es que los caballeros llegan y el monarca les concede al punto un lugar donde aposentarse: nada más y nada menos que el propio templo del rey Salomón, o lo que de él queda, y los caballeros, llamados «templarios» por este hecho, se instalan en las caballerizas abandonadas. Posteriormente todo el sacro recinto quedará a su disposición y nadie tendrá permiso para salir o entrar en contra de la voluntad de los templarios, pues ejercen tal ascendiente sobre el rey de Jerusalén que éste concede a sus necesidades y peticiones prioridad absoluta. Los caballeros habitarán en un principio en el palacio real de Balduino II, que en ese momento era la actual mezquita Al-Aqsa, dentro del antiguo recinto ocupado por las ruinas y restos del templo de Salomón denominado Haram al-Sherif (la «explanada»); pero muy pronto el rey, que se ha hecho construir otro alcázar junto a la torre de David (1118), deja su palacio a los templarios, que moran en él y celebraban culto en la cercana mezquita de Omar o Cúpula de la Roca (actual Qubbat al-Sakkra), que ellos dedican al Señor (Templu Domini) Todo ello sin salir del recinto salomónico, finalmentefinalmente dueños absolutos del mismo, pues las donaciones de los monjes-caballeros del Santo Sepulcro los convierten en poseedores de la inmensa explanada del templo de Salomón. No obstante, la finalidad de su misión, los templarios pasan en aquel recinto nueve años sin enfrentarse ni una sola vez con el enemigo infiel, dedicado sólo a la oración y a la meditación y quizá preparándose para la lucha militar que les espera. Nada se sabe de otras actividades durante ese tiempo. Los caballeros templarios son Hugues o Hugo de Payns, pariente de los condes de Champaña, que será después elegido gran maestre de la orden; su lugarteniente Godefroy Godofredo de Saint-Omer, de origen flamenco; André o Andrés de Montbard, tío de san Bernardo; Payen de Montdidier y Archambaud de Saint-Amand, flamencos. Los restantes son anónimos, pues sólo se conocen sus nombres de pila: Gondemare, Rosal, Godefroy y Geoffrov Bisol. Poco antes de 1128, cuando los caballeros se disponen a regresar a Francia, se les añade un nuevo templario; el propio conde Hugo de Champaña.

LOS CABALLEROS DEL TEMPLE: SIERVOS DE OTROS

Podemos decir a modo de conclusión que los primeros siglos de la Edad Media hasta el Imperio Carolingio atestiguan una vida religiosa "virtuosa". Pero con la descomposición feudal que sigue al Renacimiento Carolingio, en los siglos IX y X, cunde cierto grado de desorden: aparecen la simonía, el Nico laísmo; el brazo secular traiciona a la Iglesia que se comprometió a proteger; los conventos, monasterios y abadías son saqueados con cierta regularidad, la vida interior se relaja, ¿cómo salir de esa situación? La solución la comprenden (y la emprenden) seglares y eclesiásticos: mayor severidad. En ese marco, Guillaume d'Auverny, duque de Aquitania, funda la Abadía de Cluny en 910. En esa Abadía, que madurará por todo el siglo X, y dará frutos en las 2 centurias siguientes, se promovió una vida mucho más ordenada: se renueva el ascetismo, es decir, el trabajo duro para purificar cuerpo y alma.

La abadía posee un amplio espacio para la agricultura, un granero y talleres para diversos oficios; los monjes organizan la construcción de claustros e iglesias que dan vida a poblaciones enteras; la alimentación se restringe; la oración es constante al igual que las Misas; las penitencias son rígidas y estrictas. La defensa y la expansión de la Fe por la Fe misma implican el trabajo de lectura y copiado de obras de la Patrística, además de la ciega confianza en el Dogma, no se necesita del raciocinio. Desde allí se hace un llamado a la autonomía de la Iglesia; al orden y disciplina internas; a deshacerse del Nico laísmo y la simonía; a la "Tregua de Dios"; a la limpieza del alma y el cuerpo; y a la obediencia absoluta de la Iglesia. Coetánea mente al retroceso de que fueron manifestaciones las crónicas, y los cronicones, acompañados de la frecuencia con que se falsificaban documentos para favorecer los intereses religiosos y políticos de iglesias reyes o príncipes, la cultura mixta visigoda – hispano – romana (siglos V al VIII) conservó el tipo clásico del período anterior, añadido con la historiografía religiosa y católica. Así se ve en las historias y crónicas de Orosio, Idacio, Juan de Biclara y otras obras. Teniendo al Flandes bajomedieval como escenario, Jan Dumolyn y Jelle Haemers sostienen que el habla subversiva fue uno de los rasgos omnipresentes de la vida política en sus ciudades y constituyó una amenaza continua a la posición de los dominantes, una amenaza que los autores consideran más peligrosa que los estallidos regulares de violencia en los que los especialistas de la política urbana flamenca se han usualmente concentrado.

Discutiendo los trabajos ya clásicos de James C. Scott, que presenta a los grupos subalternos operando en oposición a la "ideología hegemónica" y produciendo así "discursos ocultos" que se alternan y oponen a los "discursos públicos", Dumolyn y Haemers sostienen que los rebeldes flamencos podían construir y expresar sus propios discursos políticos, al mismo tiempo que subvertían parcialmente las ideologías dominantes.

Los eventos de habla medievales y temprano-modernos constituyen e incluso definen relaciones políticas entre gobernantes y súbditos. Encontrar huellas de estas expresiones subversivas resulta una tarea ardua pero no imposible, ya que han llegado al presente como fragmentos o citas indirectas en fuentes que se pueden considerar hostiles, que emanan de los grupos dominantes.

Existiría una conciencia del peligro potencial que encarnaba el habla popular. La conocida expresión Vox populi, vox Dei -registrada por primera vez en una carta de Alcuino de York- no significa que la voz del hombre común fuera sabia o buena, sino simplemente que era abrumadora y no podía ser ignorada. Lo que Genicot evidenciaba era, como sintetizaba Georges Duby en 1961, que "la nobleza medieval es independiente de la caballería y anterior a ella; es una condición que se hereda de los antepasados, una cuestión de sangre" Y era esta constatación la que revelaría el verdadero alcance de los resultados obtenidos por los historiadores alemanes.

La nobleza franca tenía raíces más tempranas que las que postulaba Bloch. Lo que se transformaba era la estructura de la familia. Siguiendo las formulaciones pioneras de la historiografía alemana, Duby planteó que en época carolingia habría existido una verdadera nobleza, una nobleza de sangre, vinculada a los antepasados. La dificultad en reconstruir las líneas de parentesco residía en la estructura de la familia aristocrática y sus

57

representaciones. Como ya lo había advertido Schmid, la familia aristocrática constituía un grupo de parientes débilmente cohesionado, con escasa jerarquización interna y limitada conciencia genealógica, dentro del cual las líneas de filiación derivadas del varón y la mujer operaban en igualdad de condiciones.

Después del mil, por el contrario, la concepción familiar adquiriría un carácter dinástico, reflejando la cohesión del grupo de parientes, el reforzamiento de la filiación agnaticia y el establecimiento de pautas de sucesión basadas en la primogenitura masculina. Para Duby, estos cambios en la organización familiar estarían vinculados a las transformaciones operadas en el plano político. En el período carolingio, el monarca distribuía los cargos y honores entre los miembros de las familias nobles sin tener en cuenta la línea agnaticia ni la primogenitura. Se destacaba así la línea de filiación más prestigiosa y más cercana al entorno regio. Pero en torno al año mil los nobles comenzaron a adquirir poderes autónomos, convirtiendo los señoríos que habían detentado por delegación regia en patrimonio de la familia.

La emergencia de formas políticas en las que la transmisión de la autoridad ya no dependía de la concesión del monarca sino de la sucesión hereditaria, supondría, en el plano del parentesco, un reforzamiento de la línea masculina y el consecuente advenimiento del linaje. En cuanto a los aportes más recientes, dado que la producción historiográfica medievalista resulta prácticamente inabarcable –y más aún en estas pocas páginas- se ha presentado una acotada selección de las propuestas que se han considerado más valiosas, con plena conciencia de ha quedado fuera gran cantidad de contribuciones, incluso muchas de las que han sido oportunamente relevadas y que revisten indudable interés.

Fue en los monasterios y abadías fundados en estos siglos, localizados en diferentes lugares de Europa, donde especialmente se realizaron actividades relacionadas con la preservación, mantenimiento y difusión de diferentes manifestaciones de la cultura medieval. Además, se crearon las escuelas episcopales, que más tarde dieron origen a las escuelas laicas y a las universidades. Se organizaron las bibliotecas de manuscritos, se copiaron libros de las culturas clásicas y se tradujeron obras griegas y árabes al latín. También se realizó este mismo proceso a través de la poesía y los textos de los juglares, transcritos a lenguas modernas para ponerlos al alcance de varias personas; con ellos se ha podido conocer el desarrollo de la cultura en esa época.

Vos que sois señor de vos mismo deberéis haceros siervo de otro», especifica el artículo 661 de la Regla. «Cuando deseéis estar a este lado del mar, se os enviará a Tierra Santa; cuando queráis dormir, deberéis alza¬ros, y cuando estéis hambriento, tendréis que ayunar». No hay tranquilidad para el templario, ni molicie. Y su vida se configura como la de las demás órdenes religiosas, con el añadido de la misión militar, lo que conlleva rudos entrenamientos y considerables renuncias. Desde que Hugo de Payns es elegido gran maestre (Magister Militum Templi, 1118-1136) en Jerusalén, todos sus esfuerzos se encaminan a recabar la aprobación papal de su incipiente orden (concilio de Troves. 1128) y a la obtención de una regla que la organice como orden eclesiástica y a la vez militar. El gran maestre donará su señorío de Payns o Payens a la orden —donación que enseguida tendrá mu¬chos imitadores— y se dará en cuerpo y alma a sus intereses, para morir en Reims en 1139. La regla primitiva estará constituida por los privilegios que concederá el concilio de Troyes a la orden (1128), revisados por el patriarca de Constantinopla 11131) y modificados por la bula papal de 1139. Los estatutos se componen de setenta y dos artículos, redactados en latín y traducidos posteriormente al francés (cuyas versiones no siempre coinciden), que establecen: Votos de pobreza, castidad y obediencia, como todas las órdenes religiosas; austeridad y renuncia, ayuno y comedimiento en el comer, en el vestir y en el obrar, censurando toda ostentación, todo lujo o riqueza individual (el templario no posee nada, pero no así la orden, que dispone de armas, cabalgaduras, pertrechos, iglesias, castillos, casas de labor, etc., y que es considerablemente acaudalada). Uso del hábito: sayal pardo o negro para los hermanos y capa blanca (con cruz posteriormente) para los caballeros, que se puede perder sí se cometen determinadas y graves infracciones, lo que conduce a uno de los mayores deshonores (como la pérdida del caballo). Abstinencia (carne sólo tres veces a la semana); disciplina corporal; código penal rudimentario para prever infracciones comunes en otras órdenes (extorsión, nepotismo, deserción);

imposibilidad de aceptar niños a cargo de la orden (práctica habitual en otras); prohibición absoluta de trato con mujeres, «cuyo rostro el caballero evitará mirar» y a las que jamás podrá besar, aunque sean su madre o su hermana, absteniéndose completamente de «besar hembra alguna, ni viuda ni doncella». La admisión en el Temple impone ciertos requisitos insoslayables: estar sano y no sufrir enfermedad secreta (se teme la sífilis y otras venéreas, propias de la caballería desenfrenada de la época, y la epilepsia, para muchos, clara señal de posesión diabólica). No haber sido arrojado de otra orden, norma también común a todas las instituciones religiosas, sobre todo a las órdenes militares, pues los hospitalarios se nutrían también de proscritos y vividores arrepentidos en mayor o menor medida. No estar excomulgado ni frecuentar personas que la Iglesia haya postergado, aunque la bula de 1139 permite al excomulgado, si existe retractación pública y el obispo provincial lo absuelve, ser recibido en la Casa «con misericordia». Pero el principal requisito es ser caballero probado, o sea, haber sido armado caballero, y ser hijo de caballero y de dama o descendiente de caballeros por línea paterna. Los plebeyos que no han accedido a este rango —mediante el espaldarazo, si no les venía de cuna— se conformarán con entrar en la orden como sargentos. No obstante, esta precaución, el Temple contará entre sus filas con lo más florido de la baja nobleza europea (tampoco faltan miembros de la alta), segundones y jóvenes pendencieros cuyo ideal de vida es libertino y competitivo, que recorren Europa de torneo en torneo y de justa en justa para mostrar unas dotes de valentía y arrojo rayanas con la temeridad y lindantes con el desacato al orden feudal secular. La orden les exigirá que estén a la altura de las circunstancias en el campo de batalla: no podrán abandonar la lucha mientras no se vean asediados por más de tres contrincantes (los ashahins no retrocederán ante siete); si son hechos prisioneros, no podrán ser rescatados con dinero. Cuando los sarracenos le ofrezcan la libertad a cambio de la apostasía, ellos deberán ofrecer su cuello. El hábito, la cruz (roja ancorada sobre el hombro izquierdo, paté, con los extremos incisos), los pendones y banderines, además del baussant —la hermosa bandera partida en dos cuarteles, uno blanco y otro negro, símbolo de la orden—, los sellos , el aseo y el aspecto exterior (pelo corto y barba larga), la vestimenta militar (cotas de malla, armas), las monturas y cabalgaduras —caballos de combate, palafrenes y bestias de carga; un caballo para los sargentos, tres para los caballeros, cuatro para los dignatarios y cinco para el maestre, pues dispone además de un turcomano— son objeto de otros muchos artículos de la regla, algunos de ellos muy curiosos: los que hacen referencia a la caza, actividad prohibida para el templario a la que con tanta fruición acostumbran a entregarse los nobles medievales, tanto de Oriente como Occidente, presentan la salvedad de la caza del león, «bestia predilecta del diablo en la que se encarna» y azote de peregrinos y cristianos por antonomasia (artículos 55 y 56). Existen asimismo los llamados «complementos a la regla o modificaciones» (retraits, en la versión francesa), redactados entre 1156 y 1169. En ellos se expone el procedimiento de recepción de un hermano caballero en la orden, que extiende también su protección a sus padres, familiares cercanos y a dos o tres amigos íntimos del postulante. Por esta ceremonia, el recién llegado es introducido en un oratorio o habitación anexa en una casa de la orden y asiste a una entrevista con el gran maestre o el preceptor, ante el que se inclina y cuyos labios besa (tradición corriente que pone en práctica el ósculo de la paz). Luego y por tres veces consecutivas, la última después de orar en soledad, debe responder a las preguntas rituales: ¿Desea entrar en el Temple y abandonar el siglo? ¿Es libre para ello? ¿No le persigue la justicia? ¿Confiesa no adolecer de enfermedad alguna? Para ser admitido a la casa, ¿ha realizado regalos a algún dignatario de la orden? ¿Se compromete a la pobreza, etc.? Además, debe escuchar las advertencias y le es leída la regla.

El nuevo templario jura, y eso es todo. Muy diferente será lo que luego, durante el proceso en Francia de 1307-1314, confiesen muchos caballeros en cuanto al protocolo de admisión en el Temple, a las ceremonias secretas y a los supuestos ritos heréticos de iniciación. Pero por ahora (estamos en los albores del siglo XII), los caballeros inclinan la cabeza y meditan ante las palabras que definen la ardua y futura vivencia que tendrán como soldados de Cristo: «Vos que sois señor de vos mismo deberéis haceros siervo de otro-, como el pontífice romano («Siervo de los siervos de Dios») y como el propio Jesucristo: «El Hijo del hombre no ha venido a ser servido, sino a servir y a dar su vida en rescate por muchos» (Mt 20, 28). Se trata, en definitiva, de una experiencia de carácter religioso, del abandono de la banalidad del mundo, de la búsqueda de la ascesis, de

61

la entrega al servicio solidario de los desventurados y desprotegidos y de la defensa de los valores y lugares más valiosos para la cristiandad.

BIBLIOGRAFÍA

- Addison, Charles Greenstreet, The History of the Knights Templars, the Temple Church and the Temple, Longman & Co., Londres 1842.

- Anand, Margo, The Art of Sexual Ecstasy, Aquarian Press, Londres 1990. - Anderson, William, Dante the Maker, Routledge and Kegan Paul, Londres 1980.

- Anderson, William, Dante the Maker, Routledge and Kegan Paul, Londres 1980.

- Barthélemy, Dominique – El año mil y la Paz de Dios. La Iglesia y la sociedad feudal. Granada: Universidad de Granada-Universitat de València, 2005;

- BARTHÉLEMY, Dominique, Caballeros y milagros. Violencia y sacralidad en la sociedad feudal. Granada: Universitat de València, Universidad de Granada, 2006;

- Birks, Walter y R. A. Gilbert, The Treasure of Montségur, Crucible, Londres 1987.

- Black, Matthew, The Scrolls and Christian Origins: Studies in the Jewish Background of the New Testament, Thomas Nelson

- DUBY, Georges, Los tres órdenes o lo imaginario del feudalismo. Barcelona: Argot, 1983;

- FLORI, Jean – Caballeros y caballería en la Edad Media. Barcelona: Paidós, 2001;

- IOGNA-PRAT, Dominique – Ordonner et exclure. Cluny et la societé chrétienne face àl' herésie, au judaïsme et à l' islam. 1000-1150. París: Aubier, 1998.

- Birks, Walter y R. A. Gilbert, The Treasure of Montségur, Crucible, Londres 1987.

- Bonnassie, Pierre – Cataluña mil años atrás (siglos X-XI). Barcelona: Península, 1978.

- Black, Matthew, The Scrolls and Christian Origins: Studies in the Jewish Background of the New Testament, Thomas Nelson & Sons, Londres 1961.

- Drower, E.S., The Mandaens of Iraq and Iran: Their Cults, Customs, Magic, Legends and Folklore, Clarendon Press, Oxford 1937.

- Duby, Georges – Los tres órdenes o lo imaginario del feudalismo. Barcelona: Argot, 1983.

- DUMOLYN, Jan and HAEMERS, Jelle – "A Bad Chicken was Brooding': Subversive Speech in Late Medieval Flanders". in Past & Present. 214 (2012).

- Eisler, Robert, The Messiah Jesus and John the Baptist, Methuen & Co., Londres 1931.

- Eliade, Mircea, The Encyclopedia of Religion, Macmillan, Nueva York 1987.

- Godwin, Joscelyn, Robert Fludd: Hermetic Philosopher and Surveyor of Two Worlds, Thames & Hudson, Londres 1979. - Haskins, Susan, Mary Magdalen, HarperCollins, Londres 1993. - Heyob, Sharon Kelly, The Cult of Isis among Women in the Graeco-Roman World, E.J. Brill, Leiden 1975.

- Hillgarth, J.N. Lull and Lullism in Fourteenth Century France, Clarendon Press, Oxford 1971.

- Holroyd, Stuart y Neil Powell, Mysteries of Magic, Bloomsbury Books, Londres 1991.

- Luckert, Karl W., Egyptian Light and Hebrew Fire, State University of New York Press, Nueva York 1991.

- Lurker, Manfred, An Illustrated Dictionary of the Gods and Symbols of Ancient Egypt, Thames & Hudson, Londres 1980. - Meyer, Marvin W.

(recop.), The Ancient Mysteries: A Sourcebook, HarperCollins, San Francisco 1987.

- Meyer, Marvin y Richard Smith (recop.), Ancient Christian Magic: Coptic Texts of Ritual Power, HarperCollins, San Francisco 1994

- Roberts, Gay, The Mystery of Rennes-le-Château: A Concise Guide, Rennes-le-Château Research Group, Twylch 1995.

- Roberts, J. M., The Mythology of the Secret Societies, Secker & Warburg, Londres 1972.

- Robertson, J. M., Pagan Christs, Barnes & Noble, Nueva York 1993 (ed. De la obra de 1903 abreviada en un volumen).

- Smith, Morton, Clement of Alexandria and a Secret Gospel of Mark, Harvard University Press, Cambridge (Massachusetts) 1973, Jesus the magician, Victor Gollancz, Londres 1978 [edición española: Jesús el Mago, Martínez Roca, Barcelona 1988]; The Secret Gospel: The Discovery and Interpretation of the Secret Gospel according to Mark, Gollancz, Londres 1973.

- Wilson, Colin, The Occult, Hodder & Stoughton, Londres 1971.

- Wilson, Ian, Are these the Words of Jesus?, Lennard Publishing, Oxford 1990; Jesus: The Evidence, Weidenfeld & Nicolson, Londres 1984; The Turin Shroud, Penguin, Londres 1979.

Índice

1

2

Made in the USA
Columbia, SC
25 June 2023

17586331R00037